HARTMUT MICHAEL MÖLTGEN

BASISFAKTOR ARBEIT UND HUMANKAPITAL

Humankapital in Zeiten eines wirtschaftlichen
Umbruchs, eine Zeitenwende

novum pro

Dieses Buch ist auch als
e-book
erhältlich.

www.novumverlag.com

Bibliografische Information
der Deutschen Nationalbibliothek:

Die Deutsche Nationalbibliothek
verzeichnet diese Publikation in
der Deutschen Nationalbibliografie.
Detaillierte bibliografische Daten
sind im Internet über
http://www.d-nb.de abrufbar.

Gedruckt in der Europäischen Union
auf umweltfreundlichem, chlor- und
säurefrei gebleichtem Papier.

© 2024 novum Verlag

ISBN 978-3-99146-500-3
Lektorat: Alexandra Eryiğit-Klos
Umschlagfoto:
Lovelyday12 | Dreamstime.com
Umschlaggestaltung, Layout & Satz:
novum Verlag

www.novumverlag.com

Druckprodukt mit finanziellem
Klimabeitrag
ClimatePartner.com/16547-2311-1001

Gewidmet meiner lieben Frau Helga

Inhaltsverzeichnis

Vorwort

Was ist Humankapital, was Energie und Arbeit auf dem Markt? Die Energie taucht in unterschiedlichen Formen auf und muss meist von der vorliegenden in eine andere, nutzbare Form umgewandelt werden. Der Begriff Humankapital ist sehr schillernd und kann wohl erst zum Abschluss annähernd korrekt definiert werden. Bei der Arbeit ist diese Definition einzugrenzen: einmal in Bezug auf die menschliche Arbeit generell und dann auf die unterschiedlichen gesellschaftlich akzeptierten Formen von Arbeit. Ist es nur die sozialversicherungspflichtige Arbeit? Oder ist es nicht ebenso Arbeit, wenn die Mutter ihren Kindern das Essen zubereitet? Arbeit beginnt immer im Kopf und akkumuliert sich auch dort als Humankapital, was von außen betrachtet nicht direkt beobachtbar ist. Wenn Maria die Brötchen zum Frühstück holt, dann kennt sie den Weg zum Bäcker und weiß, dass sie die Börse einstecken muss, um den Bäcker bezahlen zu können. Nachdem nun am Morgen der Wecker geklingelt hat, steht Maria auf, macht sich fertig und begibt sich anschließend auf den Weg, den sie im Kopf gespeichert hat. Die Brötchen zu holen, das tut sich nicht von allein, das ist Arbeit. Wenn Peter inzwischen den Kaffee aufgesetzt hat, dann ist das auch Arbeit. Das Frühstück selbst wird man allerdings nicht als Arbeit einordnen, auch nicht den Weg zur Arbeit, es sei denn, dieser Weg wäre schon ein Weg zum Kunden und nicht der Weg zur Arbeitsstätte. In der Regel wird der Weg zur Arbeitsstätte nicht der Arbeitszeit zugerechnet, obwohl auch dies nicht ohne Anstrengung erfolgt. Die Trennung zwischen Arbeit und einer einfachen Lebensaktivität ist nicht immer einfach. In der Steinzeit war es wohl überflüssig, solche Unterscheidungen zu treffen, alles war Ausdruck der Lebensweise in der Familie. Natürlich hatte man auch damals schon Angst um sein Leben und war um die Sicherheit der Familienmitglieder besorgt. Zur kognitiven Entwicklung und den unterschiedlichen Persönlichkeitsstrukturen hätte man auch damals schon seine Beobachtungen machen können. Eine Arbeitsteilung im heutigen Sinne kannte man sicherlich noch nicht, gab es doch damals ebenso wenig einen Arbeitsbegriff als solchen; eine Aufgabenverteilung in bestimmten Lebenssituation hingegen wohl schon. Erst die differenzierte Arbeitsteilung seit den Anfängen der industriellen Revolution führte zu einem merklichen wirtschaftlichen Wachstum. Damit wird dann auch die Verteilung der Gewinne zum Problem, und dies bis in die heutige Zeit hinein. Die Beiträge zum Auseinanderklaffen der Einkommen pro Kopf mehren sich in den letzten Jahren geradezu exponentiell. Mit einer Verelendung der arbeitenden Bevölkerung geht das allerdings nicht einher, steigt doch der Wohlstand pro Kopf ebenso kontinuierlich für alle, ebenso wie die Reichsten in der Gesellschaft immer mehr Vermögen ansammeln. Kapital ist daher nicht mehr knapp und die Zinsen so niedrig wie schon lange nicht mehr.[1] Der Wert der potenziellen oder einsetzbaren menschlichen Arbeitskraft, auch als Manpower bezeichnet, sollte in der deutschen Sprache exakt mit dem Begriff des Humankapitals besetzt werden. Nur so lässt sich auch der Unterschied zum Finanzkapital klar herausarbeiten. Finanzkapital kann vernichtet werden, Humankapital ebenfalls, darin scheint es keinen Unterschied zu geben. Die Verletzlichkeit des Humankapitals ist aber ein spezielles Problem, das hier aufzuarbeiten ist. Der Mensch braucht nach einer anstrengenden Arbeitsphase Erholung und Abwechslung, kann andererseits ebenso ohne eine Entlohnung seine Arbeit verrichten. Daraus lässt sich auch die Macht des Humankapitals ableiten. Zum Schluss stellt sich die Frage, ob eine neue Sichtweise auf das Humankapital und die Arbeit einen Paradigmenwechsel befördern wird, kann oder muss? Nicht zu vergessen ist dabei die Energie, die in der Regel einer gezielten Steuerung bedarf. Da diese Steuerung in wirtschaftlichen Bezügen generell den beteiligten Menschen zuzuordnen ist, kann man die Akkumulation von Arbeitsleistungen durchaus im Humankapital verorten; bei einer genaueren Betrachtung wird man jedoch erkennen, dass hierbei immer Strukturen aufgebaut werden, die bestimmte Ordnungen erkennen lassen, weshalb man auch von einem entstehenden Ordnungskapital ausgehen kann, das einerseits Merkmale einer sozialen Struktur ebenso erkennen lässt wie die Merkmale natürlicher, naturbedingter Strukturen. Da hier der strukturelle Aufbau von Pflanzen und Tieren nicht zum Thema gemacht werden soll, beeinflussen sie doch nicht primär das Marktgeschehen, scheint es gerechtfertigt, hier nur die menschliche Arbeitsleistung und das Humankapital mit seinen sozialen Strukturen näher zu betrachten.

Einleitung

Gehen wir davon aus, dass alle mehr wirtschaftliches Wachstum wollen, dann stellt sich nicht nur die Frage, wie dies zu bewerkstelligen ist, sondern auch, welches Wachstum wir wollen, wer vom Wachstum profitiert und wie sich dieses Wachstum auf unsere Umwelt auswirkt und wie viel Wachstum überhaupt möglich und nötig ist. Betrachten wir das Wachstum einer Pflanze, so lassen sich unterschiedliche Szenarien beobachten, da der Rhythmus sehr unterschiedlich sein kann. Ein Baum kann mehrere Hundert Jahre alt werden, eine einjährige Pflanze nur ein Jahr, Schleimpilze hingegen können theoretisch ewig leben. Sollten wir uns da nicht die Schleimpilze zum Vorbild nehmen? Wer will denn nicht ein ewiges Wachstum seiner Volkswirtschaft? Was sinnvoll und wünschenswert ist: eine Abstimmung des wirtschaftlichen Wachstums mit dem Bevölkerungswachstum. Unterscheiden sollten wir auch zwischen einem gesunden Wachstum und einem krankhaften Wachstum. Ohne die Menschen und ihr Humankapital wird es kein gesundes wirtschaftliches Wachstum geben. So wie der arbeitende Mensch nach einer Phase der Anstrengung auch Phasen der Erholung benötigt, so wird die Wirtschaft nach Phasen eines starken Wachstums auch wieder Phasen benötigen, in denen alles in ein ruhigeres Fahrwasser kommt. Nutzen kann man diese Phasen, um die Gesundheit zu stärken, die Wohnqualität zu verbessern und die Mobilität neu zu organisieren. Gehen wir davon aus, dass uns ein Übergang von der Knappheit zum Überfluss bevorsteht, so wird es wichtig, alle Menschen damit einzubeziehen. Dies alles wird von uns ein höheres Qualitätsbewusstsein abverlangen. Gleichzeitig muss der Staat schlanker werden, da nur ein höheres Maß an Eigenverantwortung auch ein Bewusstsein für mehr Qualität befördern wird. Eine Gesellschaft im Überfluss könnte Probleme bei der Verteilung des Überflusses bekommen. Wichtig ist dabei, klar und allen verständlich zu unterscheiden zwischen dem, was die Gemeinschaft zu verwalten und zu verantworten hat, und dem, was besser in den Händen privater Akteure zu belassen ist.

1. Humankapital im Laufe der Zeit

Definiert man Humankapital als das, was die potenzielle Arbeitsleistung eines Menschen ausmacht, so hat es das Humankapital schon gegeben, solange es Menschen gibt. Auch wenn das Humankapital mehr ist als die Arbeitsleistung, in der Steinzeit wurde die Arbeit überhaupt nicht mit dem Begriff eines Humankapitals in Verbindung gebracht, hatte man doch noch gar keinen Begriff von dem, was wir heute als Kapital bezeichnen. Selbst in der Agrargesellschaft wurden die Mitarbeiter auf dem Hof, dem Landgut wohl kaum als Kapital gesehen und eingesetzt. Erst die Industrialisierung führt zu einer Anhäufung von Geld und einer in die Breite wirkenden Anhäufung von aktiviertem Bildungskapital. In den Händen der neuen Herren war und ist es das Kapital, mit dem sie loslegten, die Welt zu beherrschen. Der Sklave in der vorkapitalistischen Zeit hatte zwar einen Wert und war insoweit auch bereits Humankapital, für die Besitzer wohl so viel wert, wie er dafür bezahlt hatte. In den Büchern der Besitzer mussten die Sklaven mit ihrem Einkaufswert und dem Unterhalt abgerechnet werden ebenso wie die angeworbenen Landarbeiter mit ihrem Lohn.

Der Begriff Humankapital ist erst im klassischen Kapitalismus zu einem allgemein gebräuchlichen Begriff geworden wie auch ein damit verwandter Begriff, der der Manpower. Nicht nur das Geld, auch die Manpower ist ein wichtiger Kalkulationsansatz für eine differenzierte Gesamtkalkulation bei umfangreichen Projekten. In einer Gemeinschaft, die wir als Bildungsfolgegemeinschaft bezeichnen könnten, so wie wir sie heute vorfinden, sollte das Humankapital dann auch eher mit den Augen des Humanisten betrachtet werden, zum Beispiel als die Chance, endlich Möglichkeiten wahrzunehmen, den Einzelnen fairer zu bewerten und dann entsprechend auch besser zu entlohnen.

Für den König vor 1000 Jahren war sein Reich ein abgegrenztes geografisches Gebiet, ein Gebiet, das ihn nicht so sehr aufgrund der Ländereien reich machte, sondern aufgrund der Untertanen, die für ihn arbeiteten. Das Humankapital machte damals den eigentlichen Reichtum aus, das Land gab den Herrschern die Möglichkeit, seinen Bauern Land zur Verfügung zu stellen, auf dem sie arbeiten konnten, für sich und den König. Geld spielte damals, soweit schon vorhanden, noch eine untergeordnete Rolle. Dennoch verstanden es einige kluge Herrscher, die Macht des Geldes für sich zu entdecken. Krösus wurde besonders reich, weil er erstmals Geld mit seinem Konterfei und einem Wertaufdruck herstellen ließ. Der Vorteil dieser Münzen bestand darin, dass man zukünftig nicht mehr wiegen musste, um den Wert der Goldstücke bemessen zu können, mit denen man bis dahin gezahlt hatte. War der Wert einer Ware bestimmt, so konnte man neuerdings diesen Wert durch abzählbare Münzen mittels einfacher Addition bereitstellen. Das war wohl zunächst nicht für den Wochenmarkt bestimmt, obwohl es schnell die einzelnen Märkte eroberte. Das Geld ermöglichte es, in erster Linie die Soldaten auf einfache Weise auszuzahlen, den Gefolgsleuten ihren Sold zu bezahlen. Damit wurde die Praxis abgelöst, Gefolgsleute mit einem Lehen auszuzahlen, ihnen also für ihre Dienste Land zu überschreiben. Da die Landgüter in der Regel im Besitz des Herrschers blieben und nur als Leihgabe angesehen wurden, kann man verstehen, wenn die Abgabe von einem Zehntel der Ernte erwartet wurde, eine Art Pacht. Erst mit dem Geld konnte sich der Pachtzins vom Ertrag lösen und in schwindelerregende Höhen ansteigen, ein Geld, das dann irgendwann mit schleichender Gewissheit den Bezug zur menschlichen Arbeit verloren hat. Mit der Forderung, den Bezug zur Arbeit wiederherzustellen, wird es notwendig, die Phasen der Wirtschaftsentwicklung im Laufe der Geschichte anders einzuteilen, nicht mehr nach den politischen Gegebenheiten, sondern nach der Bewertung der Arbeitsleistung in den einzelnen Phasen.

In der vorarchaischen Zeit sprechen wir von einer Gesellschaft der Jäger und Sammler. Damals konnte man nur teilen und tauschen. Tauschen spielte in den ursprünglichen Familiengruppen wohl zunächst nur eine untergeordnete Rolle. Demnach beruhte die erste Gesellschaftsform auf dem Prinzip des Teilens. Grundlage dieser Gesellschaftsformation war eine noch schwach ausgebildete Arbeitsteilung, in deren Folge die gemeinsam erworbenen Güter aufgeteilt wurden. Diese darin zum Ausdruck kommende schwach entwickelte Arbeitsteilung ließ konsequenterweise auch keine differenziertere Verteilung der Beute zu, nur eine solche im Rahmen der Rangfolge. Die ursprüngliche Volkswirtschaft war demnach die, bei der einem Führer gleichberechtigte Gefolgsleute rangmäßig zuzuordnen sind und die im Grunde einen Familienclan darstellen, auch dann, wenn die direkten Familienbande nicht mehr so offensichtlich sind. Eine solche Gesellschaft könnte man als Rangfolgegesellschaft bezeichnen.

Die sich danach entwickelnde Agrargesellschaft mit sesshaft gewordenen Bürgern bedarf schon einer besseren Strukturierung nicht nur gemäß den erbrachten Leistungen für die Gesellschaft, eine ausgeprägtere Strukturiertheit als dies von einer Familienstruktur zu erwarten ist. Wir befinden uns in einer Gesellschaft von Bauern mit Landbesitz und landlosen Knechten, Mägden und Sklaven.[2] Die geleistete Arbeit wird mit einem Mal unterschiedlich bewertet, Landbesitz ist eines der neuen Kriterien. Die Arbeit des Landbesitzers wird als wertvoller erachtet als die des Landarbeiters. Der Landbesitz bestimmt den Wert der Arbeitsleistung und die Stellung in der Gesellschaft. Da der Landbesitz vererbt wurde, befinden wir uns in einer Gesellschaft mit vererbten Pflichten und Rechten. Als Graf wurde man geboren, ebenso wie als einfacher Landarbeiter oder als Ritter. Während zunächst nur Stärke und Agilität bestimmend sind für die Stellung in der Gruppe, der daraus entstehende 1. Gesellschaftstyp, die Rangfolgegesellschaft, in der Alter und Stärke die Stellung in der Gemeinschaft bestimmen, wird in der

2. Gesellschaftsformation die ererbte Stellung wichtig, wir können sie als Erbfolgegesellschaft kennzeichnen.

Abgelöst wird die Erbfolgegesellschaft durch eine Gesellschaft des Geldadels, also eine kapitalistische Gesellschaftsordnung, die Kapitalfolgegesellschaft bestimmt fortan das Bild. Jetzt ist nicht mehr primär wichtig, in welche Familie man hineingeboren wurde, sondern wie viel Kapital man einsammeln konnte oder geerbt hat.

Nach der kapitalistischen Gesellschaftsordnung könnten wir als 4. Gesellschaftsordnung eine Gesellschaftsordnung erwarten, in der nicht mehr das Geld, sondern das Wissen adelt, demnach eine Bildungsfolgegesellschaft, in der es auf das Wissen ankommt und die Wissenden und Weisen die führenden Positionen in der Gesellschaft einnehmen.

Teilen wir die Gesellschaftsformationen nicht nach den Ordnungsstrukturen auf, sondern nach der Verteilung des Finanzkapitals, so kommt man zu der Gliederung in Epochen nach Oded Galor, wonach man zwischen einer prämalthusianischen, einer malthusianischen und einer postmalthusianischen Epoche unterscheiden kann. Hier wird die postmalthusianische Epoche auch weitestgehend mit dem kapitalistischen Zeitalter gleichgesetzt. Die malthusianische Epoche ist eine Epoche, in der die Entwicklung den Postulaten von Malthus entspricht.[3] Nach Malthus wird die steigende Kapitalmenge seit dem Beginn der Industrialisierung nicht direkt zu einem steigenden Wohlstand führen, sondern erst zu einem größeren Bevölkerungswachstum. Dies ist insofern korrekt, als die höhere Produktivität zunächst dafür sorgen konnte, mehr Mäuler zu stopfen, als dies vorab möglich war.

Bezogen auf die Entwicklung des Kapitals in BIP gemessen wird die malthusianische Epoche nach Galor zu einer Zeit der Stagnation, an deren Ende erst das kapitalistische Zeitalter beginnt, ein Zeitalter, in dem der Zuwachs an Kapital auch den breiten Bevölkerungsschichten mehr Geld in die Kassen spült. Betrachtet man die Abbildung 2.2 in dem Buch „Unified Groth Theory"[4] genau, so kann man darin auch die Hälfte einer Wachstumskurve herauslesen, da die Kurve in der Zeit der Stagnation nur leicht ansteigt, um dann zwischen 1800 und 1900 in eine exponentielle Phase einzutreten. Man könnte also erwarten, im 21., spätestens im 22. Jahrhundert den Wendepunkt beobachten zu können, hin zu einer Art letzten Stagnation, zu einem Anschmiegen an die Kapazitätsgrenze (die Asymptote an eine Kapazitätsgrenze).

Im 1. Jahrtausend schwankte das Einkommen um die 450 Dollar pro Kopf (O. Galor, S.11), im 2. Jahrtausend verblieb das Einkommen noch unter 650 Dollar pro Kopf, was man auf die lange Sicht als Stagnation beschreiben kann, wenn auch ein ganz langsamer Anstieg beobachtbar ist, ein Anstieg, der auch als der Anfang einer gestreckten S-Kurve zu interpretieren ist, typisch für eine Wachstumskurve. Die exponentielle Phase, die noch nicht beendet ist, deren Ende aber von vielen Ökonomen prophezeit wird, beschreibt das exponentielle Wachstum in den Einkünften innerhalb der kapitalistischen Epoche. Die Kapazitätsgrenze ist jedoch auch noch nicht so klar zu beschreiben. Allerdings kann auch ohne genaue Kenntnisse zur Kapazitätsgrenze eine nachhaltige Bewirtschaftung mit Kreislaufsystemen anvisiert werden, in dem Wissen, dass dies vielleicht die einzige Möglichkeit ist, dem totalen Kollaps zu entkommen, der dem System droht, wenn es die Grenze dauerhaft überschreitet. Eine Begrenzung im Bevölkerungswachstum und nachhaltiges Wirtschaften könnten die zweite Stagnation einleiten, den Teil der Kurve, bei der das BIP nicht mehr zunimmt, ohne dass deshalb das Wachstum in den ökonomischen Teilsystemen nicht mehr stattfinden würde. Das Humankapital, das in der Versorgung mit Finanzkapital in der Vergangenheit mitunter sträflich vernachlässigt wurde, wird in einer Zukunft des Überflusses auch keine Geldsorgen mehr haben. Wie die Gewinne zu verteilen sind, damit diese Zukunft eine human gerechte Wirklichkeit werden kann, darüber wird man im 21. Jahrhundert noch trefflich streiten können.

Da nicht alle Gewinne eindeutig einem Akteur zuzuschreiben sind, auch wenn sich immer jemand findet, der den Gewinn beansprucht, so sind auch Ansprüche aus Urheberrechten, die der Gemeinschaft zuzuordnen sind, denen zurückzugeben, die sich für die Gemeinschaft einsetzen, den Bürgern, die diese Gemeinschaft aktiv mitgestalten. Eine Möglichkeit ist die Einrichtung eines Bürgergeldes als Grundeinkommen. Grundsätzlich bedingungslos kann ein solches Grundeinkommen allerdings nicht sein, ist es doch abhängig von dem erwirtschafteten Gewinn und den Leistungen der Bürger für die Gemeinschaft. Deshalb kann diese Leistung nur Bürgern zukommen, die als Bürger auch in die Pflicht genommen werden können, also Staatsbürger mit einem Ausweis, der sie als Bürger dieses Staates ausweist, von dem sie ein Grundgehalt erhalten.

Mit einer steigenden Wertschätzung des Humankapitals wird wohl auch erst eine wirklich humane demokratische Gesellschaft möglich sein. Dies ist kein Selbstläufer, es bedarf einer permanenten Anstrengung, um dieses Ideal zu realisieren und zu erhalten, auch insoweit bereits Ansätze dazu realisiert wurden. Auslöser ist der Bedarf an gut gebildeten und ausgebildeten Arbeitskräften mit dem Beginn der industriellen Revolution. Die Fabrikherren erwarteten von ihren Arbeitern und Angestellten zumindest ein Grundverständnis der Schriftsprache und die Beherrschung der vier Grundrechenarten. Selbst im 20. Jahrhundert beklagten sich die Firmen immer wieder und beklagen sich noch immer, weil die Schüler, die dort anfangen, nicht mehr fehlerfrei schreiben können und ohne Handy selbst keine Zahlen mehr addieren können; Multiplikation und Division sind absolut verlorene Posten. Dies ist geradezu absurd in einer Zeit, in der die fortschreitende Digitalisierung immer höhere Anforderungen bezüglich der Beherrschung mathematischer Strukturen mit sich bringt.

2. Zwischen Sicherheit und Freiheit

Mit dem Auslauf der Stagnation nach Galor, man könnte dies auch die Galor-Stagnation nennen, ist gegen Ende des 19. Jahrhunderts in den verschiedenen europäischen Staaten eine Befreiungsbewegung zu beobachten. Diese setzt zum Teil schon Mitte des 19. Jahrhunderts ein.

Es waren Bewegungen im Bildungsbereich, die im 19. Jahrhundert und verstärkt im 20. Jahrhundert auch eine Bildung für den Handwerker und den angehenden Kaufmann forderten, sodass sich die heute noch bekannten Realschulen herausbildeten. Die ehemaligen Lateinschulen veränderten auch ihr Gesicht, wenn auch die Antike noch immer das Bildungsideal vorgab für alle, die ein Studium anstrebten.

Erst gegen Ende des 20. Jahrhunderts begann mit der Studentenbewegung der endgültige Aufbruch von verkrusteten alten Strukturen, Latein war nicht mehr ein Muss für die Erlangung der Hochschulreife, Altgriechisch als Unterrichtsfach verschwand nahezu lautlos von der vorgegebenen Stundentafel in den Gymnasien, zunächst in den naturwissenschaftlichen Gymnasien, dann auch in den neusprachlichen Gymnasien, um zum Schluss nur noch an den altsprachlichen Gymnasien in einem Rückzugsgefecht zeitweise zu überleben.

Den Veränderungen in den Bildungssystemen gingen nahezu überall Prozesse einer politischen Befreiung voraus. Das Wahlrecht entwickelte sich zunächst recht langsam und war zuerst nur für die männliche Bevölkerung vorgesehen. In Deutschland wurde erst 1918 auch Frauen das Wahlrecht zugestanden. Zu den Freiheiten innerhalb einer Gesellschaft gehören sicherlich allgemein die Rechte, die ein Bürger ausüben kann. Die Rechte, die dem einen Bürger zustehen, sind, wenn sie ausgeübt werden,

Ausdruck der Freiheit, in der sich dieser Bürger bewegen kann, für den anderen aber auch eine Grenze, die dessen Freiheit einschränkt. In den immer größer werdenden Städten wird dadurch die Freiheit des Einzelnen naturgemäß eingeschränkt und das Sicherheitsbedürfnis erhöht, denn nur durch entsprechende Sicherheitsmaßnahmen kann gewährleistet werden, dass die notwendigen Freiheiten überhaupt lebbar werden.

Deshalb beginnt das Ideal einer humanen Gesellschaft sicherlich mit der Zusicherung eines Lebens in Freiheit und Sicherheit. Dem Bürger gibt der Staat mit seinen Armeen eine Sicherheit vor dem Feind von außen und ermöglicht damit die notwendige Freiheit im Inneren, dort zusätzlich abgesichert durch die Einsatzkräfte der Polizei und der Feuerwehr. Sicherheit und Freiheit sind insofern keine Gegensätze, sie bedingen einander. Humankapital muss abgesichert werden, sonst verliert es schnell seinen Wert; in Verträgen kann es seinen Wert nur behaupten, wenn die darin enthaltene, potenzielle Arbeitskraft auch abgesichert ist.

Um die eigene Arbeitskraft in einem Kreditvertrag als Sicherheit einzubringen, muss sie für die vielen Unwägbarkeiten im Leben zusätzlich gesondert abgesichert werden. Was der Einzelne nicht als Sicherheit geben kann, das muss die Gemeinschaft – hier die Gemeinschaft der Versicherten – absichern. Nur so kann man in Freiheit seiner Arbeit nachgehen, ohne permanent Angst haben zu müssen, bereits durch kleinere Blessuren in seiner Arbeitskraft eingeschränkt zu werden, und zwar mit all den sich daraus ergebenden Folgen.

Die Sicherheit der Bürger wird nicht nur durch das Militär, sondern, wie bereits erwähnt, auch durch eine Polizei gewährleistet, die bei kleineren und größeren Streitigkeiten eingreifen kann, zum Beispiel bei einem Überfall die Täter ausfindig macht und Beweismaterial sichern kann. Die Polizei sollte auch in der Zusammenarbeit mit dem Zoll verhindern, dass gefährliche und gefährdende Waren und Güter ins Land gelangen. Die Polizei darf ihre Macht allerdings nicht selbstherrlich und auf den nicht legitimierten Befehl von Politikern hin ausüben, sie muss sich an die Gesetze halten und dafür einstehen, dass diese Gesetze eingehalten werden. Weder der Polizist auf der Straße noch der Polizeipräsident noch der Minister, auch nicht der Bundespräsident und das Kanzleramt bestimmen, wie die Gesetze zu lesen sind, das ist Aufgabe der Rechtsprechung, und der Erlass neuer Gesetze ist die Aufgabe der Legislative, des Parlaments. Wirklich sicher kann sich der Bürger nur dann fühlen, wenn es zum gesellschaftlichen Konsens gehört, dass niemand über dem Gesetz steht. Ein Problem ist deshalb die Immunität von Diplomaten und hochrangigen Politikern. Es ist deshalb eine Diskussion wert, ob nicht doch jeder, auch der Diplomat, für seine gesetzeswidrigen Taten zu belangen ist, wie eben jeder einfache Bürger auch. Straftaten sollten im Falle der Immunität in jedem Fall zeitverschoben geahndet werden, eine Wiederwahl sollte erst möglich sein, wenn entsprechende Vorwürfe geklärt sind.

Die Coronapandemie hat uns noch ein anderes Problem aufgetischt. Inwieweit darf die Politik Geschäfte schließen und damit allen, die in diesen Geschäften arbeiten, das Arbeiten verbieten und damit sogar die Lebensgrundlage, die Möglichkeit, Geld zu verdienen, Geld, das zum Erhalt des Lebens notwendig ist, quasi wegnehmen? Auch in einer Pandemie darf die Existenzgrundlage nicht angetastet werden. Die Schließung von Geschäften mag begründbar sein, weil dadurch Kontakte verhindert werden – Kontakte, die zu einer weiteren Verbreitung der Krankheit führen; die Vernichtung von Existenzen lässt sich damit allerdings nicht legitimieren. Es muss deshalb möglich sein, die Kontakte zu beschränken, ohne Existenzen zu gefährden. Werden Geschäfte zum Schutz der Gesundheit der Menschen geschlossen, dann sollte es selbstverständlich sein, eine sofortige Grundsicherung an alle Beteiligten auszuzahlen. Die Berechtigung zum Erhalt dieser Gelder sollte nicht vor der Auszahlung, sondern im Rahmen der jährlichen Steuererklärung im Nachgang geklärt werden. Nur so kann man die Wirtschaft durch eine solche Krise unbeschadet herüberretten. Das in der Krise ausgezahlte Geld kann durch Steuern und Rückzahlungen wieder hereingeholt werden, muss aber zuerst mal ohne bürokratische Hürden ausgezahlt werden. Des Weiteren sind Maßnahmen zu ergreifen, die weggebrochenen Arbeitsplätze zu ersetzen.

Dies kann durch Hilfen bei der Umstrukturierung und durch die Schaffung ganz neuer Arbeitsplätze geschehen. Wichtig ist dies, weil der Arbeitsplatz und die Möglichkeit, sich durch die Arbeit zu bestätigen und zu verwirklichen, auch für eine gesunde Psyche wichtig ist. Werden Einzelhandelsgeschäfte geschlossen, kann man regionale Plattformen im Internet einrichten, über die dann Waren bestellt werden können. Diese Plattformen ließen sich kombinieren mit der Terminanprobe bei Schuhen und Kleidung, der Vorführung von Geräten im Schaufenster und der Bestellung mit Lieferung an die Wohnadresse.

Gastronomiebetriebe sollten am Ende eines Lockdowns in jedem Fall vor den Einzelhandelsgeschäften geöffnet werden. Dabei sind strenge Auflagen zur Sicherheit der Bürger zu erlassen. Es kann nicht sein, dass Fachverkäufer und alle, die in der Gastronomie beschäftigt sind, nach Hause geschickt werden. Man muss die Arbeit und die Arbeitsplätze eben anders organisieren.

Ohne Wenn und Aber sind die Großveranstaltungen, die sonst auf der Liste stehen, zu streichen, wenn eine konkrete Ansteckungsgefahr besteht. Wer dort gearbeitet hat, kann aber bei der Bewältigung der zusätzlichen Organisationsaufgaben in der Gesundheitspflege, bei den Gesundheitsämtern und in den Rathäusern helfen. Entsprechende Notfallpläne lassen sich jetzt ausarbeiten und müssen jetzt beschlossen werden. Damit könnte den Beschäftigten auch über die Zeit des Lockdowns und der Pandemie hinaus eine Sicherheit vermittelt werden, die verhindert, dass ein Gefühl der Unsicherheit die Menschen in ihrem Selbstbewusstsein angreift und damit auch die Menschenwürde beschädigt wird. Homeoffice und Homeschooling müssen aufeinander abgestimmt werden, lokale Transportprobleme gelöst werden und die Versorgung älterer und gebrechlicher Mitbürger muss auch stärker in deren Wohnung möglich sein. Hilfen bei der Bewältigung von Alltagsproblemen mit oder ohne den Einsatz digitaler Technik sind ebenso anzubieten. Wenn jeder in der Lage ist, seine Anträge und Anfragen beim Amt auch digital loszuschicken, dann kann man auch die Mitarbeiter im Rathaus ins Homeoffice entlassen. Die Arbeitswelt muss neu organisiert werden, eine wichtige Schlussfolgerung aus der durch Corona ausgelösten Krise. Erst wenn jeder Bürger sich eines Arbeitsplatzes sicher ist, erst dann wird auch die Überwindung einer Pandemie ohne Existenzängste möglich sein und damit eine grundlegende Sicherheit aufgebaut – eine Sicherheit, die langfristig das System stabilisieren wird und deshalb für den Erhalt der demokratischen Systeme ein unabdingbares Muss sein sollte. Die notwendige Partizipation aller Bürger stärkt das Selbstbewusstsein der Einzelnen und erweitert damit auch den Freiheitsgrad eines jeden in der Gesellschaft. Die sichere Arbeit lässt zudem eine vernünftige Risikobereitschaft zu und fördert den vertrauensvollen Umgang miteinander.

3. Vertrauen und Risiko

Wenn wir von Vertrauen sprechen, so muss der Blick in zwei Richtungen gelenkt werden: Das Vertrauen gegenüber dem Staat und seinen Repräsentanten ist ebenso notwendig wie auch das Vertrauen gegenüber dem Geschäftspartner und gegenüber den Familienangehörigen. Deswegen muss auch der Missbrauch des Vertrauens auf allen Ebenen konsequent geahndet werden. Der gewählte Ministerpräsident, die gewählte Kanzlerin, sie müssen das in sie gesetzte Vertrauen, nachdem sie gewählt wurden, rechtfertigen, wie auch alle, die dieser Regierung dienen. Wenn der Bürger seiner Regierung vertrauen kann, dann wird dadurch gleichzeitig sein Humankapital aufgewertet. Firmen und Mitarbeiter eines Landes, in dem die Regierung mit den Bürgern und für das Wohl der Bürger arbeitet, können sogar im Ausland ein höheres Vertrauen genießen, da man dort mit dem dauerhaften Rückhalt und der gesicherten Unterstützung dieser Regierung rechnen kann. Die Arbeit über die Grenzen hinweg ist immer auch mit Problemen belastet, was in dieser Zeit der Brexit sehr klar zeigt. Der Verbleib in England und die Steuerung der globalen Geschäfte von Großbritannien aus werden auf einmal zu unkalkulierbaren Risiken. Zollpapiere, die früher nicht notwendig waren, erschweren die Arbeit, wodurch auch das Humankapital an Wert verliert. Ebenso kann eine Pandemie mit ihren Lockdowns die Arbeit vieler erschweren und sogar unmöglich machen. Geschäfte sind plötzlich geschlossen, der aufgestellte Businessplan hinfällig. Andere Geschäfte können aber auch plötzlich eine Chance sehen und davon profitieren, dass alteingesessene Betriebe nie zu erwartende Einbrüche erleben, mitunter sogar in die Insolvenz gehen. Krankheiten, die sich plötzlich ausbreiten und die man medizinisch nicht im Griff hat, können ganze Wirtschaftssysteme in die Knie zwingen und verändern. Eine neue durch Corona hoffähig gewordene Art des Arbeitens ist die im Homeoffice, bei der die erforderliche Korrespondenz, die erforderlichen Telefonate von zu Hause aus getätigt werden. Hierbei ist es notwendig vonseiten der Manager eine neue Qualität zu entdecken, ein notwendiges Vertrauen in den Mitarbeiter, das sie bis dato nicht kannten. Wenn man die Mitarbeiter gut kennt, ist es sicherlich leichter, Vertrauen zu schenken, als wenn diese nur Fremde sind, die wie Maschinen in den Arbeitsablauf eingeplant wurden. Humankapital ist nicht wie Geld und Materialien einplanbar, es bedarf hier eines Fingerspitzengefühls und einer Empathiebereitschaft, man könnte auch sagen einer Empathiefähigkeit. Neue Mitarbeiter und neue Geschäftspartner wie auch neue politische Umstände einschließlich der daran anknüpfenden Erwartung fordern neben dem Vertrauen auch ein gewisses notwendiges Maß an Risikobereitschaft, ohne das ein Geschäft auf Dauer ebenso wenig funktionieren kann wie ohne Vertrauen. Eine hohe Risikobereitschaft im Geschäftsalltag ist gewiss nicht ohne eine robuste Persönlichkeit denkbar, sollte aber auch begleitet werden durch eine fundierte Risikoabschätzung. Bis zu einem gewissen Grade ist das Abschätzen von Risiken in bestimmten Bereichen erlernbar, die dahinterstehende Persönlichkeit ist hingegen nur bedingt formbar. Wichtig ist hierbei die Strukturiertheit im kognitiven Raum. Hochkomplexe Probleme sind nur mit der Hilfe einer hohen kognitiven Strukturiertheit lösbar. Wichtig ist dabei, Strukturen in der relevanten Außenwelt zu erkennen und Zusammenhänge herausarbeiten zu können. Dies sind Fähigkeiten, die den guten Manager kennzeichnen und damit auch zum Humankapital eines Managers gehören. So wie der Manager in einem Konzern in der Lage sein muss, vertrauensbildende Maßnahmen zu ergreifen und Vertrauen durch Empathie aufzubauen, so muss der Lehrer als Manager im Bildungsprozess in der Lage sein, Mentalisierungen durch Empathie und Vertrauen in das gesprochene Wort zu erzeugen.

Für Jugendliche, die kein Vertrauen in ihr soziales Umfeld entwickelt haben, gilt nur noch die Risikoabschätzung in der konkreten Situation. Bei nur eingeschränkten Informationstools wird dann eine kaum zu bremsende Aggressionsbereitschaft schnell Aktionen auslösen, die körperlich verletzen können und bei denen der Betreffende selbst vor Tötungsdelikten nicht mehr zurückschreckt. Wer nicht in der Lage ist, in seinem kognitiven Raum Situationen mental zu erfassen und damit seine Handlungen mental zu steuern, der wird ungesteuert mit aggressiven Reaktionen aufwarten, die nichts anderes als reine Abwehr signalisieren. Die Sozialisation in der Schule hat einen wesentlichen Anteil an der Herausbildung einer resilienten Persönlichkeit, die mit ihrem Humankapital stabilisierend wirkt. Ohne Vertrauen in die Umgebung mit ihren Menschen wird das allerdings nicht möglich sein, ohne Mentalisierung ebenso wenig.

4. Partizipation durch Arbeit

Humankapital muss arbeiten, um zu partizipieren, um ein Teil des gesellschaftlichen Lebens zu werden. Humankapital und Arbeitsplatz zusammenzubringen, ist nicht immer eine einfache Aufgabe. Wer sich seinen Arbeitsplatz selbst schaffen kann, hat da schon einen großen Vorteil. Einen passgenauen Arbeitsplatz zu finden, ist hingegen für alle, die einen Arbeitgeber suchen, der sie einstellt, eine besondere Herausforderung, und das nicht nur für den Arbeitssuchenden, sondern auch für den zukünftigen Arbeitgeber, da die vorgelegten Zeugnisse und Vorerfahrungen allein nicht immer ausreichen, die Eignung eines neuen Arbeitnehmers für seinen Job zu erkennen. Eine lange Ausbildungsphase hilft in der Regel, Wissen anzusammeln und Zertifikate zu erlangen, kann also das Humankapital erhöhen, zur Akkumulation von Humankapital beitragen, sichert aber nicht immer auch automatisch den Erwerb und Erhalt eines Arbeitsplatzes. Der Umgang mit anderen Menschen wird meist nicht aus den vorgelegten Zeugnissen und Zertifikaten ersichtlich. Hierbei spielen Erfahrungen neben dem Gelernten eine Rolle. Wer längere Zeit im Publikumsverkehr tätig war, hat dort sicherlich Erfahrungen sammeln können, die nicht aus einem Lehrbuch zu erwerben sind, auch wenn das eine oder andere angelernte Wissen helfen kann, die eigenen Erfahrungen besser einzuordnen, und so zur Steigerung des Humankapitals beiträgt. Humankapital muss nicht nur aufgebaut werden, es muss auch genutzt werden. Die Bildungseinrichtungen und ihre Arbeit sind deshalb nicht losgelöst von den gesellschaftlichen Bedürfnissen zu sehen, natürlich auch nicht losgelöst von den individuellen Bedürfnissen. Ein wesentliches Bedürfnis, das im Umgang mit anderen gestillt wird, ist das generelle Bedürfnis nach Partizipation, was deshalb auch Teil der Grundrechte sein sollte. Nur wer am gemeinschaftlichen Leben partizipiert, ist auch Teil der Gemeinschaft. Mit unserer Arbeit verbringen wir viel Zeit, einen wichtigen Teil unseres Lebens; es ist der Teil, der uns immer auch mit anderen, mit einem Teil der Gemeinschaft verbindet und uns aufgrund der hohen Diversifikation in den modernen Gesellschaftssystemen auch immer etwas für andere tun lässt. Die Partizipation am gemeinschaftlichen Leben über den Arbeitsplatz und die Arbeit ist ein wesentlicher Teil einer gesellschaftlichen Partizipation, in die jeder Bürger einzubinden ist. Daneben sollten wir aber nicht die Partizipation in der Familie, im eigenen Wohnviertel vergessen. In den Städten sind viele Menschen in ihrer Wohnung alleingelassen, es gibt keine Verbindungen und Kontakte mehr wie früher auf dem Land. Vereine können hier einspringen, erreichen aber nur einen kleinen Bruchteil der Bürger. Neben Sportvereinen, dem Karnevalsverein, dem Gesangsverein, dem Tanzverein und eventuell auch der Skatrunde gibt es noch die Möglichkeit, die Menschen über einen Nachbarschaftsverein anzusprechen. Möglichkeiten der Partizipation ergeben sich aber vor allem in den verschiedenen politischen Parteien und in den religiösen Gruppierungen.

Vergessen wird dabei leicht die direkte Umgebung, also der Ort, wo Menschen die meiste Zeit ihres Lebens verbringen, das heißt das direkte Wohnumfeld, ob das nun in einem Einfamilienhaus, einem Reihenhaus, einem Mehrfamilienhaus, einem Hochhaus oder in einem Plattenbau ist. In vielen Hochhäusern kennt man noch nicht mal den Nachbarn auf der eigenen Wohnetage. Etwas anders sieht es aus, wenn sich Menschen zusammenfinden, um gemeinsam ein Wohnprojekt zu planen und zu errichten. Dabei kommt es nicht darauf an, ob ein Haus neu gebaut wird oder ob es nur für die gemeinsamen Zwecke umgebaut wird. Da wird jeder mit eingebunden und die Partizipation ist ganz selbstverständlich Teil des gemeinsamen Lebens.

Ob man bei seiner Bewerbung einen Arbeitsplatz erhält oder nicht, hängt aber nicht immer allein von den nachweisbaren Qualifikationen ab. Sympathie, Alter, Geschlecht, Migrationshintergrund oder auch die Zugehörigkeit zu einer Religion oder zu einem Verein, dies alles kann ausschlaggebend sein. Wird ein Mitarbeiter gesucht, der wegen der Handelsbeziehungen eine

bestimmte Sprache können soll, so ist die Herkunft ein Quali-
fikationsmerkmal. Wird ein Bewerber wegen seiner Herkunft
nicht ins Team aufgenommen, obwohl seine Qualifikation besser ist als die des Bewerbers, der genommen wird, so ist das ein
diskriminierendes Verhalten. Um bei der Auswahl diskrimini-
rende Einstellungspraktiken auszuschließen, kann man Quo-
tenregelungen einsetzen, wie zum Beispiel zur Beseitigung einer Unterbesetzung durch Frauen. Dabei kann es dann auch
vorkommen, dass der besser qualifizierte Mann auch mal das
Nachsehen hat. Um dies möglichst zu vermeiden, sind in der
Schule und bei weiteren Maßnahmen der Qualifizierung in öffentlichen Bildungs- und Ausbildungsstätten alle Personen aus-
schließlich nach ihren Fähigkeiten zu beurteilen.

5. Wohnen – leben – arbeiten

In der Zukunft wird es vielleicht weder eine Stadtflucht noch eine Landflucht geben, wenn es gelingt, ein gemeinschaftliches Leben im Einklang mit der Natur und den Menschen in beiden Bereichen zu realisieren.Denkbar wäre auch eine Stadt, die sich das Landleben in die Stadt holt. Die grüne Stadt, in der Gemüse, Obst und Kartoffeln auf Dächern, an den Fassaden und in den Parkanlagen gezüchtet werden. Damit würde auch ein anderes Feeling, ein anderes Lebensgefühl erzeugt. Um sich in einer Gemeinschaft auf Dauer wohlzufühlen, ist es notwendig, sich in einem sicheren und lebenswerten Wohnumfeld frei bewegen zu können. Das kann auf dem Land gelingen, aber auch in der Stadt. Mit netten Nachbarn und gemeinsamen Zielen sollte das ebenfalls in einer Siedlungsgemeinschaft, einem Haus in der Stadt möglich sein. Daraus kann sich dann auch ein wünschenswertes Engagement für die Gemeinschaft entwickeln. Die Idee der Nachhaltigkeit ist dabei nicht nur eine Idee für ein besseres Wohnen heute, sondern für eine Wohnkultur, die auch den Enkeln noch ein angenehmes Leben versprechen kann. Ein nachhaltiges Leben geht schonend mit der Natur und den Ressourcen, aber auch mit dem eigenen Humankapital um. Nachhaltiges Wirtschaften schont auch im eigenen Haushalt das Humankapital, weil keine unnötigen und keine schädlichen Arbeiten durchgeführt werden.

Das gilt besonders für nachhaltiges Wohnen, das auch das nachhaltige Bauen mit einschließt. Ein Haus, das unter dem Aspekt der Nachhaltigkeit gebaut wird, sollte nach seiner Lebenszeit nicht im Bauschutt landen und damit die Erde zur Müllhalde machen. Werden Holz, Lehm, Naturfasern und wiederverwendbare Metallelemente anstatt Beton eingesetzt, so kann ein Haus entstehen, dessen Bestandteile problemlos nach einem Abriss an anderer Stelle wieder eingesetzt werden können.[5] Die Idee des recycelbaren Hauses erscheint mir fundamental zu sein, und zwar vor allem im Hinblick auf den Erhalt und den vorsichtigen Einsatz des vorhandenen Humankapitals. Natürlich kann man auch genug Gründe für das nachhaltige Bauen finden, ohne dabei an das Humankapital zu denken, doch sollte der Gedanke an das Humankapital dabei keinesfalls aus den Augen verloren werden. Der Umgang mit natürlichen Baustoffen ist nicht nur für das Klima positiv, sondern ebenso für die Gesundheit der Menschen, die damit arbeiten. Ein gesundes Raumklima ist hernach aber auch positiv für die zukünftigen Bewohner. Eine Begrünung der Außenwände mit Pflanzen, die helfen, die Luft zu filtern und zu reinigen, kann ebenso ein Beitrag für den Klimaschutz sein wie auch für den Schutz der Gesundheit der Bewohner. Deshalb sind auch die grünen Oasen in der Stadt als Parkanlagen wichtig. Möglich ist das nur, wenn nicht alle Grundstücke in der Stadt an Privatinvestoren verkauft werden.[6]

Alles, was die Bewohner gesund erhält, ist auf lange Sicht gesehen eine Maßnahme zum Schutz des Humankapitals und eine Stabilisierung der Volkswirtschaft. Lange Ausbildungszeiten zum Aufbau von Humankapital, mit dem wir den zukünftigen Anforderungen im Zeitalter der Roboter gewachsen sind, sollten auch entsprechende Schutzmaßnahmen für ebendieses Humankapital als notwendig erkennen lassen.

Denkbar und machbar sind Häuser mit eigenem Wasserkreislauf, einer eigenen Entsorgung durch Kompostierung und Biokraftanlage sowie einem ökologischen Energiemanagement ohne fossile Brennstoffe durch Nutzung von Umweltenergien. Zum nachhaltigen Leben in nachhaltig gebauten Häusern mit einer nachhaltigen Bewirtschaftung sollte es auch gehören, dass die Wohnung, das Haus, nicht gemietet wird, sondern sich im eigenen Besitz befindet; ein Genossenschaftsanteil wäre optimal.

Genossenschaftsanteile mit rein privaten Räumlichkeiten und Gemeinschaftsräumen sind ideal, weil so der Raum besser zu nutzen ist und die einzelnen Bewohner auch nicht so leicht vereinsamen, wie dies bei den Hochhauskulturen ebenso der Fall ist wie auch bei der Reihenhaussiedlung, wenn auch wahrscheinlicher im Hochhaus.

Nachhaltig zu leben, ist gewiss mehr, als nur in einem Haus zu leben, das nach den Gesichtspunkten der Nachhaltigkeit errichtet wurde. Nachhaltig leben heißt auch Nachhaltigkeit in der Mobilität, nachhaltige Ernährung und nachhaltige Produktion bei allen Gebrauchsgütern. Nachhaltig zu wohnen und zu leben, heißt auch, zukunftsorientiert zu planen, eine besondere Eigenheit des Humankapitals, Teil der Zukunft zu sein. Ohne Planung für die Zukunft gäbe es nämlich kein Humankapital, denn dies ist nicht speziell die Ansammlung von geleisteter Arbeit, sondern die Bereitstellung von potenziellen Arbeitsleistungen für zukünftige Aufgabenstellungen.

Die Planung eines Eigenheims kann dies konkret veranschaulichen. Zunächst benötigen wir für jedes Haus einen Bauplan. Mit diesem Bauplan geht man zur Baubehörde und lässt sich dort diesen Bauplan genehmigen, das heißt, man lässt sich die Genehmigung erteilen, das Haus so zu bauen wie im Bauplan beschrieben. Ist in dem fraglichen Baugebiet nur eine zweistöckige Bebauung zugelassen, dann kann ein dreistöckiges Haus nur mit einer Sondergenehmigung gebaut werden. So kann auch der Nachhaltigkeit mit entsprechenden Dekreten und Bauvorschriften auf die Sprünge geholfen werden.

Zur Planung der Stadt gehören auch die Vorstellung und die Arbeit an Vorstellungen für eine bessere Wohnumgebung, eine bessere Wohnqualität. Dabei sind zum Beispiel auch zukünftige Veränderungen durch den Klimawandel mit einzubeziehen. Wird man in der Zukunft häufiger mit Überschwemmungen rechnen müssen, dann wird die Pfahlbauweise wieder interessant, weil dadurch höhere Pegelstände in Ufernähe bei einem auf Säulen aufgebauten Haus keine Keller volllaufen lassen und man im Extremfall sogar vom Auto auf das Boot umsteigen kann, um ins Haus zu gelangen. Säulen mit einer Plattform darüber könnten auch besser Erdbeben abfedern, wenn die Basis entsprechend so aufgebaut wird, dass sie Erschütterungen abfedern kann. Der

Platz zwischen den Säulen unter der Plattform kann als Garage verwendet werden, an einer Seite aber auch als Anlegestelle und Hafen für Boote. Insgesamt würde eine neue Pfahlbaubewegung auch dazu beitragen, weniger Böden zu versiegeln. Die grüne Stadt könnte damit bereits unter den Häusern beginnen. Ob Unterwassergärten oder Schrebergärten, vieles ist denkbar und realisierbar. Eine Begrünung der Dächer und horizontale Gärten an den Fassaden, die Stadt erhält damit eine saubere Luft und auch das eine oder andere Gemüse direkt vor dem eigenen Fenster, dem eigenen Balkon, auf dem eigenen Dach.

Holt man so die Erholung von der Arbeit und die Faktoren für mehr gesundes Leben in die Stadt, ist das nicht nur ein Trend hin zu einem nachhaltigeren Leben, es wird damit auch das Humankapital abgesichert. Geht man von einem Wohnkonzept aus, bei dem möglichst alle in ihren eigenen vier Wänden leben, so kann ein Teil der eigenen Arbeitskraft im eigenen Heim zur Verbesserung desselben eingesetzt werden. Soll die Bonität anhand des Humankapitals beurteilt werden, so ist die Arbeitsleistung im eigenen Heim in jedem Fall als ein Plus zu bewerten.

Zur Vereinfachung der Hausarbeit werden inzwischen die unterschiedlichsten Gerätschaften eingesetzt. Hightech spielt dabei eine immer größere Rolle. Dass wir unsere Lebensqualität auch mit Lowtech verbessern können, ist erst in wenigen Ansätzen realisiert. Solarstrom könnte uns unabhängiger machen, der Anfang für autarke Wohn- und Wirtschaftsbereiche innerhalb der Stadt. Biogasanlagen könnten helfen, die Energie für die Küche und die Heizung bereitzustellen, auch intelligente Windkraftanlagen in einem kleinen, überschaubaren Format können für hinreichend Strom sorgen. Selbst einige Nutztiere ließen sich in einem Wohnblock zur Eigenversorgung mit Milch und Eiern unterbringen. Werden kleinere Geräte im Sinne von Low-Cost-Technologie sogar selber hergestellt, kann dies zusätzlich zu mehr Unabhängigkeit vom versklavenden Finanzkapital führen.[7]

Denkbar sind auch Projekte mit dem Ziel, die Stadt der Zukunft zu bauen. Eine wissenschaftliche Begleitung, die langfristig angelegt ist, könnte wesentliche Erkenntnisse für den Hausbau und das Zusammenleben in der Zukunft liefern.

Ein etwas besonderes Beispiel ist Auroville, das vor ca. 50 Jahren als ein groß angelegter Versuch startete, das urbane Leben der Zukunft in einer visionären Weise zu realisieren. Für Europa hat Auroville nur bedingt Modellcharakter. Ein Problem wäre es schon, ein Grundeinkommen wie im indischen Auroville in Deutschland einzuführen, es wäre zu klären, wie die dahinterstehende Idee in einer deutschen Kommune in Kongruenz zu den hiesigen Gesetzen und Regularien aufzubauen ist. In Indien benötigt man auch keine Heizung wie hier in Deutschland, vielleicht ein Grund, weshalb es nach 50 Jahren Auroville in Indien noch kein Auroville in Deutschland gibt.

In Nordeuropa benötigen die Menschen erhebliche Mengen an Energie, um im Winter nicht zu frieren. Nutzt man die eingestrahlte Sonne optimal für den Wärmebedarf und verhindert Wärmeverluste, so ist es heutzutage durchaus möglich, unabhängig von weiteren äußeren Energiequellen den Wärmebedarf eines Hauses abzudecken, Stichwort ist da das Passivhaus.

Energie wird aber nicht nur für Heizung und warmes Wasser benötigt, auch die Kochplatten in der Küche benötigen Energie, früher noch mit Holz und Kohle, heute nur noch mit Gas oder Strom. Für das autarke Haus scheidet Gas aus, wenn es von den Stadtwerken geliefert wird. Die autarke Wohnanlage könnte sich das benötigte Gas über eine Biogasanlage selbst herstellen. Das reicht dem Europäer aber noch lange nicht, denn wie will er Radio, Fernseher, Küchenmaschinen, Waschmaschine und Trockner betreiben? Alle diese Geräte benötigen Strom. Den eigenen Strom wird man mit Solarkollektoren erzeugen, für die kontinuierliche Versorgung mit Strom braucht man einen entsprechenden Speicher. Den am Tag erzeugten Strom kann man dann am Abend und in der Nacht aus dem Speicher holen, sodass Fernsehen auch nach Sonnenuntergang noch möglich ist.

6. Mobilität und Arbeit

Wer zukünftige neue Städte baut, der sollte auch die Mobilität der Bürger berücksichtigen, die in die Stadt kommen, um dort zu arbeiten. Autoschlangen jeweils morgens vor Arbeitsbeginn und am Ende eines Arbeitstages sollte es in den neuen Städten von Anfang an nicht geben und in den historisch gewachsenen Städten sollten sie in der Zukunft ebenfalls vergessen sein.

Was nicht funktionieren kann, ist die Werbung, auf die öffentlichen Verkehrsmittel umzusteigen und gleichzeitig die Tickets für Bus und Bahn zu verteuern. Nur zwei Konzepte können hier weiterhelfen: einmal die Wohnungen für alle, die in der Stadt arbeiten, zu bezuschussen, sodass es teurer wird, im Umkreis zu wohnen und täglich im Stau zu stehen; oder andere Angebote für den Transit in die Städte bereitzustellen.[8] Man könnte als Erstes die Mieten in der Stadt direkt bezuschussen oder die großen Wohnungsbaugesellschaften in die Lage versetzen, die Mieten zu mindern. Beides scheint nicht besonders tragfähig zu sein, wie bereits im vorherigen Kapitel dargestellt. Einfacher ist es, damit zu werben, allen Menschen, die in der Stadt arbeiten, ein kostenloses Jahresticket vom Wohnort bis in die Stadt auszustellen, vorausgesetzt, es wird ein Arbeitsvertrag vorgelegt, der die Notwendigkeit belegt, wenigstens an drei Tagen oder mehr in der Woche in die Stadt zur Arbeit zu fahren. Autos, die trotzdem in die Stadt fahren, könnten generell mit einer monatlichen Abgabe belegt werden. Da diese Maßnahmen nur sinnvoll sind, wenn sie alle betreffen, auch die Elektromobile, ist langfristig mit einem gewollten Rückgang der in die Stadt fahrenden Autos zu rechnen. Auch wenn alle Autos emissionsfrei in die Stadt kämen, wäre der Autoverkehr dennoch generell zu hoch, er muss grundsätzlich eingeschränkt werden. Nur Anwohner und Gewerbetreibende sollten eine Ausnahmegenehmigung erhalten, die zudem nur für aktuell angemeldete Autos gelten sollte; Neuzulassungen sollten seltener erteilt werden. Stadtbahnen kann man bis in die Wohnviertel außerhalb der Stadt verlängern, sofern dies nicht schon geschehen ist. Zu überlegen ist auch, ob nicht einzelne Wohnviertel außerhalb der Stadt in diese zu integrieren sind. Bei den überregionalen Zielen kann man davon ausgehen, dass die Stadt von mindestens zwei Bahnhöfen aus zu erreichen ist. In jedem Fall benötigt man Energie, ob für den öffentlichen Nahverkehr oder das private Auto!

Wird die Arbeit vom heimischen Büro aus erledigt, als Selbstständiger oder als Angestellter im Homeoffice, so benötigt man neben dem Strom für die Lichtquellen auch Strom für den Computer und den Drucker sowie das Telefon. Ohne Energieaufwand kann keine Arbeit durchgeführt werden. Wie die Energie zu nutzen ist, und dies möglichst effizient, das muss gelernt werden. Ob gezielt gelernt oder eher nebenbei durch Erfahrung, es bedarf der Veränderungen im kognitiven Raum. Dies gilt ebenso für die Nutzung der klassischen Energiebestände wie auch für die Nutzung von neuen, innovativen Energiereserven.

7. Strukturiertheit im kognitiven Raum

Die Struktur, die wir in unserem Leben, in unserem Wohnumfeld vorfinden, und wie wir uns in diesen Strukturen einrichten, das wirkt sich auch auf unsere kognitive Struktur aus, und zwar über sich ausbildende Resonanzstrukturen. Dabei treffen zwei vorhandene geordnete Strukturen aufeinander, die einen Gleichgewichtszustand in einer neuen Ordnung anstreben. Strukturen, die immer eine bestimmte Ordnung aufweisen, bedürfen bei jeder Änderung zu ihrer Herstellung eines gewissen Arbeitsaufwandes, der im kognitiven Raum erfolgt.

So wie die Ordnung in der Wohnung nicht ohne einen mehr oder weniger großen Arbeitsaufwand auskommt, so ist auch die Herstellung einer Ordnung in den kognitiven Strukturen arbeitsaufwendig. Gehen wir von einer Resonanz aus, die sich ausbildet oder auch nicht, so könnte man denken, dass dies automatisch passiert, ohne Arbeitsaufwand. Der Arbeitsaufwand ist allein schon dadurch gegeben, dass es einer Attraktion bedarf, um eine Resonanzstruktur herzustellen. Betrachte ich das Bild eines Künstlers in einer Vernissage, so lasse ich mich auf die mögliche Aussage des Malers ein, es berührt mich oder auch nicht. Bei der Auseinandersetzung mit einem Bild assimiliere ich das Werk in einer mir eigenen Weise und bestimme damit den Wert des Bildes für mich – einen Wert, der sich in eine kognitive Struktur umsetzen lässt.

So wie die Strukturen in einem Bild oder in einer musikalischen Komposition bewertbar sind, so ist auch die Struktur im kognitiven Raum bewertbar, schließlich ist sie die Voraussetzung für all die Bewertungen der kreativen Werke hoch angesehener Künstler. Eine besondere Kreativität entspringt immer einer besonderen kreativ aktiven Struktur im jeweiligen kognitiven Raum.

Insofern ist das vorhandene Humankapital auch als eine Widerspiegelung der jeweiligen kognitiven Struktur aufzufassen.

Diese ist nicht statisch, wie man zunächst meinen könnte, muss sie sich doch immer wieder neuen Situationen anpassen können. Hinzu kommt, dass die fortlaufenden Assimilationen im Sinne Piagets nicht nur Akkommodationen als Resonanzwiderspiegelungen innerhalb des kognitiven Raums bewirken, sondern auch vielfache neue Resonanzmuster nach außen senden, durch die Sprache, aber auch durch die Mimik, die körperliche Haltung. Spricht und denkt man in der gleichen Sprache auf der gleichen Wellenlänge, dann hat man es vielleicht geschafft, einen gleichberechtigten Diskurs zu führen. Ein Diskurs im Sinne der Kommunikationstheorie von Habermas sollte es möglich machen, sich in die Gemeinschaft einzubringen und dadurch das eigene Humankapital zum Wohle der Gemeinschaft in den Ring zu werfen, eine Bewertung nicht nur abzugeben, sondern auch zuzulassen.

Der Wert des Humankapitals lässt sich über verschiedene Indizes festmachen, beruht aber vor allem auf der Strukturiertheit im kognitiven Raum, der das Handeln bestimmt und zu einem wesentlichen Teil aktiviertes Bildungskapital darstellt, aber auch aktivierbare finanzielle Ressourcen und aktivierbare soziale Ressourcen. Das durch Schule, Universität und Ausbildung aktivierte Bildungskapital wird dabei immer wichtiger in einer Welt, in der das Finanzkapital nicht mehr dominiert. Erst mit der industriellen Revolution und mit dem Aufstieg des kapitalistischen Systems schenkte man dem Humankapital die notwendige Beachtung. Dies führte zu Bildungsreformen, brauchte doch die aufsteigende Industrie für die Fertigung ihrer neuen Produkte gut ausgebildete Mitarbeiter, die wenigstens mit den Grundfertigkeiten des Lesens und Rechnens vertraut waren. Wichtig ist auch, wie diese Grundfertigkeiten verinnerlicht wurden, wie sie Teil der jederzeit verfügbaren kognitiven Struktur werden. Insgesamt stellt sich darüber hinaus die Frage, wie diese kognitive Struktur aufgebaut und genutzt werden kann.

Mit der Erfassung der Strukturiertheit kann man den Anteil am nutzbaren Humankapital erfassen. Alles, was im Laufe einer persönlichen Entwicklung durch Lernvorgänge den kognitiven Raum mittels Akkommodation und Assimilation geformt hat, all das kann sich in unterschiedlicher Weise strukturell manifestieren. Wer schon früh ein Instrument erlernt hat und später zum Beispiel als Geiger seinen Lebensunterhalt bestreitet, der wird besonders differenzierte Strukturen im musikalischen Bereich entwickelt haben. Der Elektriker hingegen hat eine hohe Bereichsspezifizität in allem erreicht, was mit dem Strom und handwerklichen Fertigkeiten zu tun hat. Daneben gibt es die allgemeine Strukturiertheit, die hilft, den Alltag im persönlichen und im öffentlichen Umfeld zu bewältigen.

Theoretisch kann die Strukturiertheit mit drei postulierten und prinzipiell beobachtbaren Strukturelementen beschrieben werden. Zunächst kann ich bei einer Struktur die Differenziertheit feststellen, nur über eine differenzierte kognitive Struktur kann auch eine differenzierte Struktur in der Außenwelt adäquat erfasst und beschrieben werden. Zu unterscheiden ist auch zwischen einer stark diskriminierenden und einer nur schwach diskriminierenden Struktur. Eine hohe Diskriminiertheit beschreibt die Fähigkeit, beim Vergleich die Unterschiede exakt zu erkennen und beschreiben zu können. Neben Differenziertheit und Diskriminiertheit ist nach Seiler ein wesentliches Element der Strukturiertheit die Integriertheit der Strukturelemente. Dem unilateralen Kräfteeinfluss im Feld der Erziehung ist eher eine einfache Strukturierung zuzuschreiben, der interdependente Einfluss hingegen lässt bevorzugt eine hochkomplexe kognitive Strukturiertheit erwarten. Eine recht einfache, allgemeine Strukturiertheit wird meist weniger erwünscht sein, sie kann in einzelnen Fällen dennoch vorteilhaft sein und in speziellen Bereichen sogar zu komplexen Strukturen führen, und zwar aufgrund von einer hohen Differenziertheit, wobei dann aber allgemein eine hohe Integration fehlt.

In einer hoch diversifizierten Gesellschaft muss man sich nun fragen, welche Strukturiertheit in den einzelnen Berufsfeldern, den einzelnen Berufen, den einzelnen Positionen und für den am gesellschaftlichen Leben voll partizipierenden Bürger notwendig oder auch hinreichend ist. Der Vorteil einer weniger komplexen und nur mäßig integrierten Strukturiertheit ist die schnellere Entscheidung, was durchaus vorteilhaft sein kann, wenn vor allem schnelle Entscheidungen gefragt sind. Gilt es komplexe Außenstrukturen in ein Gleichgewicht zu bringen, dann wird es vorteilhaft sein, erst nach Abwägung aller Möglichkeiten zu einem Entschluss zu kommen. Die Strukturiertheit ist der wesentliche Teil sowohl der Persönlichkeit und damit auch des Humankapitals! Man könnte die Persönlichkeit auch als den Überbau im kognitiven Konstrukt des Humankapitals ansehen.

Gesondert zu diskutieren sind die im kognitiven Raum und im Diskurs auftretenden Resonanzstrukturen. Resonanzen können prinzipiell verstärken, aber auch löschen. Die Verstärkung ist einfacher zu erklären, die Löschung etwas problematischer und deshalb schwieriger zu erklären. Treffen gleichartige Schwingungen aufeinander, können sie sich verstärken, sodass damit eine Schwelle überschritten wird, was erst zu einer Assimilation führt. Das ist notwendig, um nicht jeden Augenblick zu einem unvergesslichen Erlebnis werden zu lassen. Farben und Töne, die bei einer Verstärkung aufsatteln können, machen dann letztlich die unvergessliche Erinnerung aus. Sind die Schwingungen exakt gegengerichtet, dann kann auch eine Löschung gelingen. Das Problem bei der Löschung ist die aufgesattelte Schwingung, die genauso wie ursprünglich wieder zusammen mit der Hauptschwingung auftreten sollte, um eine Löschung zu erreichen.[9] In der Vermeidung dieses hohen Arbeitsaufwandes wird man eher zur Verdrängung greifen. Bei der Verdrängung wird kein Strukturelement gelöscht, sondern nur der Zugang blockiert. Da kognitive Blockierungen wie auch andere psychische Probleme in vielfacher Hinsicht dazu führen können, dass dies zu einer Depression in der Persönlichkeitsstruktur führt und damit das Potenzial des Humankapitals heruntergesetzt wird, laufen bestimmte Arbeitsabläufe nicht mehr so reibungslos ab, wie dies zu erwarten wäre.

Die Persönlichkeit ist jedoch nicht nur psychisch erklärbar, es sind auch die sozialen Beziehungen, die eine Persönlichkeit ausmachen, die Art und Weise, wie man der Welt gegenübertritt. Der Mensch wird mit der Welt, in die er hineingestellt wurde, durch Resonanzstrukturen in Kontakt kommen und den kognitiven Raum verändern sowie erweitern. Wenn wir Lernen als Assimilation und die Veränderung im kognitiven Raum als Akkommodation beschreiben, so lässt sich der Vorgang der Anpassung als Resonanz beschreiben. Da eine solche Anpassung sowohl gelingen wie auch misslingen kann, ist die Resonanz genau daraufhin zu überprüfen. Eine misslungene Resonanz kann zur Abwehr von weiteren Resonanzmöglichkeiten führen, denkbar ist zudem die Erfahrung von Dissonanz.[10] Bei Dissonanzen ist nicht nur konkret mit Störfaktoren in einzelnen Fällen zu rechnen, sie können auch die Resonanzfähigkeit generell herabsetzen, sollten auf jeden Fall verarbeitet und aufgearbeitet werden. In der Auseinandersetzung mit Einzelnen, aber auch in der Gruppe ist es kaum denkbar, dass immer nur positive Resonanzen zu erwarten sind. Da neue Mitglieder in einer Gruppe sich nicht nur im Sinne einer Anpassung verändern, sondern auch die Struktur der Gruppe und die einzelnen Mitglieder in der Gruppe verändern können, ist es wahrscheinlich sogar besser, von einer Einpassung zu sprechen.[11]

Das Konstrukt des kognitiven Raums und der kognitiven Struktur, so wie es hier dargestellt ist, möge als ein basaler Teil meiner Interpretation der Kognitionspsychologie aufgefasst werden. Auch wenn die Resonanztheorie als eine Theorie der Weltbeziehung soziologisch orientiert ist, so sind Teile dieser Theorie doch deckungsgleich mit der Theorie eines kognitiven Raums und daher daraufhin zu untersuchen, wie sich eine einheitliche Theorie der soziokognitiven Struktur entwickeln lässt

8. Entwicklung der Persönlichkeit

Die Strukturiertheit des kognitiven Raums führt zu Persönlichkeiten mit je individuellen soziokognitiven Strukturen. Man könnte auch sagen, die Art der kognitiven Struktur, das macht die ganz individuelle Persönlichkeit aus. Das Persönlichkeitsprofil ergibt sich vor allem aus den bereichsspezifischen Strukturen. Auch wenn es nach den bisherigen Diskussionen so aussieht, als ob der kognitive Raum sich allein aus gelernten Inhalten aufbaut, tatsächlich ist der angeborene Anteil durchaus beträchtlich.

So manche Arbeitsleistung kann nicht nur vom Menschen, sondern auch von Tieren erbracht werden. Hunde können ein Gelände bewachen, auf eine Schafherde aufpassen, Pferde einen Wagen ziehen, einen Pflug ziehen, Tauben eine Nachricht übermitteln – Arbeitsleistungen, die natürlich auch der Mensch übernehmen kann, ebenso wie Maschinen und diverse Roboter. Der Mensch hat mit dem Beginn der menschlichen Evolution zwei entscheidende Merkmale mitbekommen, die ihn vom Tier unterscheiden: die Sprachfähigkeit[12] und eine besondere Feinmotorik. Ohne die besondere hoch entwickelbare Feinmotorik wären wir in der kulturellen Evolution kaum so weit gekommen, wie dies nun tatsächlich der Fall ist. Deshalb müssen wir unterscheiden zwischen den Arbeitsleistungen, die auch den Tieren grundsätzlich möglich sind, und solchen, die Tieren nicht möglich sind, und zwar ohne das besonders gut ausgebildete Großhirn des Menschen als Erklärungsgrund einzusetzen. Bei den Arbeitsleistungen, die den Tieren nicht möglich sind, kann man im Nachgang noch unterscheiden zwischen denen, die von einer hoch entwickelten Großhirnrinde profitieren, und denen, die ohne diese Voraussetzung auskommen. Der aufrechte Gang ist ebenso Tieren möglich, wenn auch der Mensch ihn in einer kaum weiter zu perfektionierenden Art weiterentwickelt hat. Die überdimensional ausgebildete Großhirnrinde ist nicht die Voraussetzung für die Evolution der Hominiden, diese findet vielmehr statt aufgrund der besonderen Sprachfähigkeit und der besonderen Feinmotorik. Diese Feinmotorik ist so besonders aufgrund der Opponierbarkeit des Daumens zu allen anderen Fingern der menschlichen Hand. Mehr Speicherplatz ist da vorteilhaft, nicht aber die Voraussetzung für diese Fähigkeit. Die Entwicklung einer hochkomplexen Sprache benötigt zwar eine höhere Gehirnaktivität, mehr Speicherplatz und einen immer größeren kognitiven Raum, um alle Informationen auch noch verarbeiten und abspeichern zu können, die Möglichkeit, differenzierte Sprachäußerungen zu zeigen, hingegen nicht. Dasselbe gilt für eine hoch entwickelte Feinmotorik: Sie benötigt mehr Kapazitäten im kognitiven Raum als die nur einfachen Greifbewegungen, wenn sie eingesetzt wird, um hochkomplexe Arbeitsabläufe auf Dauer auszuführen, die Fähigkeit an sich ist aber nicht Ausdruck eines großen Gehirnvolumens.

Worum es hier geht, die kognitive Struktur eines Schülers entwickelt sich aufbauend auf dem, was durch Geburt und Familie vorgegeben ist, und nicht auf einer Tabula rasa, und die rasante Vergrößerung des menschlichen Gehirns ist nicht die Ursache für die besonderen handwerklichen und sprachlichen Fertigkeiten; wir müssen hier von einer Art Co-Evolution ausgehen! Im Laufe dieser Evolution entwickelt sich auch ein Humankapital, das die von Tieren aufzubringende Arbeitskraft in vielfacher Hinsicht verändert! Der Mensch kann vieles von Geburt an noch nicht, obwohl er die Anlagen dafür mitbringt; er muss erst lernen, mit seinen Anlagen richtig umzugehen, er kann sich dadurch optimal unterschiedlichen Umweltbedingungen anpassen, während Tiere optimal an eine bestimmte Umwelt angepasst geboren werden.

9. Wohlstand und Zufriedenheit

Viele Menschen arbeiten sehr viel, vielleicht sogar mehr, als es dem Körper guttut. Da fragt man sich schon, weshalb sie das tun, während andere sich so gut es geht vor der Arbeit drücken, wie man so sagt. Eine gut bezahlte Arbeit will man so schnell nicht verlieren, was ein Grund des Workaholics sein kann, bereitwillig jede Überstunde zu leisten; ein anderer Grund ist offensichtlich das Geld, welches dadurch die Kasse füllt. So kann man sich mehr leisten, der Wohlstand wächst und die Statussymbole vermehren sich auch. Mit dem Wohlstand muss aber nicht unbedingt die Zufriedenheit mit sich selbst und dem Leben zunehmen, sie könnte auch darunter leiden. Wenn das Hobby zur Arbeit wird, dann ist der Grad der Zufriedenheit sicherlich größer, als wenn die Arbeit nur dazu dient, den Lebensunterhalt zu garantieren. Bekannte Persönlichkeiten stehen oft unter einem Zeitdruck, der dem einfachen Arbeiter meist gänzlich unbekannt ist, und dennoch sind sie vielfach zufriedener, da sie genau das tun, was sie schon immer tun wollten. Dafür werden dann im Vorfeld auch gerne viele Mühen und auch unbezahlte Arbeitsstunden hingenommen.

Die meisten erleben die Arbeit jedoch wenigstens teilweise oder auch insgesamt als Entfremdung, es fehlt die innere Beziehung zu der geleisteten Arbeit. Ein Vorhandensein dieser inneren Beziehung durch die Arbeit sorgt dafür, dass diese mit Freuden verrichtet wird und nicht zwanghaft ausgeführt wird. Das setzt eine positive Resonanzstruktur voraus, um eine Resonanz zu dem Teil der Welt aufbauen zu können, in dem man seine Arbeit verrichtet. Wichtiger als die substanziellen Güter, die mit dem Lohn der Arbeit zu erwerben sind, ist der Rückhalt aus der Arbeit: für den Schauspieler der Beifall aus dem Publikum, für den Lehrer die später im Berufsleben erfolgreichen ehemaligen Schüler, für den Architekten die Zufriedenheit seiner Kunden mit den von ihm entworfenen Häusern, für den

Politiker der Erfolg seiner Politik, für den Professor die Erfolge seiner Studenten, die ihm gebotenen Arbeitsmöglichkeiten und seine publizistischen Erfolge.

Die in der Gesellschaft besonders privilegierte Stellung des Professors mag dies exemplarisch gut veranschaulichen. Hat ein Kandidat für einen Lehrstuhl mehrere Angebote, so wird die Ausrüstung des Instituts, dem er vorstehen soll, sehr wichtig sein bei der Entscheidung, welches Angebot angenommen wird. Bei Naturwissenschaftlern kann die Möglichkeit, mit den modernsten Geräten arbeiten zu können, ausschlaggebend sein und sogar unter Verzicht auf ein höheres Gehalt den Vorzug erhalten. Sehr wichtig sind auch das Betriebsklima und die Möglichkeit, mit anderen zusammenzuarbeiten, mit denen man schon seit Längerem in einem Gedankenaustausch steht.

Der Lehrer kann mit dem Schulbuch in der Hand vor die Klasse treten, er kann aber auch nach immer neuen Inputs suchen, die den Schüler an die Brennpunkte seines Faches in der aktuellen Diskussion heranführen. Wer kreativ seine Arbeit verrichtet, wird auch zufriedener mit seiner Arbeit und seiner Umgebung sein. Mit seiner Arbeitsleistung einen höheren Wert zu vermitteln, einen Wert, der vor allem in der Funktion der Selbstverwirklichung zu finden ist, auch das kann Zufriedenheit erzeugen. Man könnte an dieser Stelle auch auf den Begriff der Fremdbestimmung zurückgreifen: eine Arbeit ausführen zu müssen, die man nicht mal für sinnvoll ansieht, kann keine Zufriedenheit erzeugen.

Bei der Wohnsituation kann man zu ähnlichen Schlüssen kommen. Wer die Möglichkeit hat, sein Wohnumfeld nach den eigenen Wünschen zu gestalten, wird zufriedener sein als derjenige, der in einer gemieteten Wohnung lebt und sich dort den Wünschen des Vermieters, gar denen einer Wohnungsbaugesellschaft unterordnen muss. Wohneigentum schafft sicherlich größere Zufriedenheit mit der eigenen Wohnsituation, gleichzeitig aber auch ein Vermögenspolster. Eine weite Streuung im Immobilienbesitz könnte helfen, die auseinanderklaffende Schere zwischen Arm und Reich wieder zu schließen und damit die Stabilität in der Gesellschaft zu erhöhen sowie allen mehr Sicherheit zu garantieren.

10. Der Wert des Humankapitals

Menschliche Arbeit kann sehr unterschiedliche Wertigkeiten annehmen, was sich auch allgemein in der unterschiedlichen Entlohnung widerspiegelt. Allerdings kann man nicht von der real beobachtbaren Entlohnung auf den Wert des Humankapitals schließen, da hier der Marktwert nicht mit dem Wert der aufgewendeten Arbeit gleichzusetzen ist! Das Humankapital soll in diesem Buch deshalb als die Ansammlung von menschlicher Arbeitsleistung in ihrem potenziellen Wert als Arbeitswert verstanden werden und nicht in ihrem Marktwert. Während beim Finanzkapital noch die Vorstellung von angesammeltem gespartem Geld vorherrscht, obwohl auch das nicht ganz stimmt, ist das Humankapital eher als ein potenzielles Kapital anzusehen. Den potenziellen Charakter weist das Finanzkapital zwar auch auf, steht dort aber nicht wie beim Humankapital im Vordergrund.[13] Sprache und besondere Fertigkeiten, um zum Beispiel Schmuck herzustellen, sind vorhanden als potenzieller und damit einsetzbarer Wert einer bestimmten Arbeitsleistung. Wie diese Leistung bezahlt wird, hängt natürlich von dem Wert der erbrachten Leistung für den Käufer ab, man könnte auch sagen, von dem Wert der geschaffenen Produkte auf dem Markt. Auch wenn die Amortisationshöhe erst nach dem Verkauf kalkulierbar ist, Ausbildung und Erfahrung lassen Schlüsse auf eine bestimmte Arbeitsleistung zu, die noch nicht erbracht ist. Im Hinblick auf eine zu erwartende Arbeitsleistung werden die Angestellten und Arbeiter in einem Betrieb eingestellt und erhalten daraufhin ihren Arbeitsvertrag. Ein Arbeitgeber, der hoch qualifizierte Mitarbeiter beschäftigt und nur wenige Maschinen, beweist damit vielleicht Weitsichtigkeit und Mut, der sich in der Regel auch bezahlt macht. Menschen mit besonderen Fähigkeiten und einem Wissen, das andere nicht mitbringen, werden die Zukunft gestalten und voranbringen. Die Idee, den Supermarkt so zu gestalten, dass die Waren zwar automatisch an dem richtigen Ort im Laden einsortiert werden, am besten rückwärts zu den Kaufregalen, und nicht vom Kundenraum her aufzufüllen, kann den Unternehmer weiterbringen als drei permanent eingestellte Hilfskräfte. Dafür benötigt man wohl nur einen, dafür aber sehr hoch qualifizierten Mitarbeiter, der alles planen, überschauen und organisieren kann. Derartige Veränderungen werden Arbeitskräfte freisetzen, allerdings nicht die hoch qualifizierten, denn diese sind höchstwahrscheinlich Mangelware. Dies hat in der Zukunft nicht nur die Folgewirkung, dass damit ein Heer an unqualifizierten Arbeitslosen entsteht, sondern auch, dass hochrangige Mitarbeiter dann, wenn sich die erwartete Qualifikation in ihrer Arbeit nicht wiederspiegelt, auch nicht mehr auf einen Arbeitsplatz mit geringeren Ansprüchen versetzbar sind, weil es diese Arbeitsplätze schon lange nicht mehr gibt! Die Arbeit der Zukunft kann deshalb nicht nur von der einzelnen Fabrik aus nach dem bewährten Muster der Optimierung gesehen und geplant werden. Es muss auch einen Plan für eine Volkswirtschaft geben, zum Beispiel wie die benötigten Arbeitsplätze antizipierend bei dem Aufbau von Humankapital zu berücksichtigen sind. Es sind nicht nur Arbeitsplätze mit hohem Qualifikationsanspruch einzuplanen, sondern teilweise auch bereits weggefallene Arbeitsplätze in einem bestimmten abgesicherten Modus neu einzuplanen. So können auch diejenigen einen Arbeitsplatz bekommen, die in der hochkomplexen Welt der Computer und Roboter keine Arbeit mehr bekommen würden. Zu diesem Konzept passt es sicherlich auch, wenn alte ausgestorbene und fast ausgestorbene Berufe noch eine Chance bekommen. Es sollte in der Zukunft auch noch möglich sein, gebundene Bücher in den Bibliotheken vorzufinden, den Automechaniker alter Schule, der noch einen einfachen Ottomotor reparieren kann, ja, den sollte es auch noch geben, ebenso wie den Hilfsarbeiter, der mit seiner Muskelkraft Sand und Erde ohne den Einsatz von Maschinen auf einen Laster befördern kann. Regeln ließe sich das mit einem Feuerwerk an Gesetzen und Verordnungen, doch warum ist dies nicht auch anders zu regeln? Man kann generell den

Einsatz von menschlicher Arbeitskraft gegenüber der maschinellen begünstigen, man kann auch die in der modernen Wirtschaft nicht gefragten Arbeitsplätze vonseiten der Kommune bereitstellen, um allen einen angemessenen Arbeitsplatz zur Verfügung zu stellen. Wie die Lohnkosten in diesen Fällen abzurechnen sind, das ist eine etwas diffizile Aufgabe, könnte aber über Gegenrechnungen zu den Aufwendungen im sozialen Bereich weitgehend aufgefangen werden.

Hier wird es auch Zeit, darüber nachzudenken, ob jeder seinem Können entsprechend angemessen entlohnt wird, sodass sein Humankapital auch die zu erwartenden Gewinne abwirft. Wir wissen natürlich alle, dass die geleistete Arbeit kaum je gerecht entlohnt wird, eine Firma hat verständlicherweise immer den zu erzielenden Marktpreis im Kalkül. Der Markt gibt je nach Bedarfslage mehr oder auch weniger her, kaum aber ein Adäquat zum erwartbaren Gewinn des jeweiligen Humankapitals. Man könnte auf die Idee kommen, per Verordnung ein Äquivalent zwischen Marktpreis und Arbeitswertpreis herzustellen, was aber kaum gelingen wird und selbst in zentralistisch regierten Staaten nicht leicht sein dürfte. Denkbar wäre zudem eine ans individuelle Humankapital gekoppelte Kreditwürdigkeit. Damit ließe sich garantieren, dass ein höher zu bewertendes Humankapital den leichteren Zugang zu Krediten erhält, was durchaus sinnvoll wäre, da so neue und kreative Ideen besser ihr notwendiges Kapital finden, als dies zur Zeit der Fall ist. Wenn die potenzielle Arbeitsleistung stärker zu berücksichtigen ist, dann wird man neben den positiv in die Bewertung eingehenden Fähigkeiten allerdings auch negativ einfließende Belastungen berücksichtigen müssen. Eine längere Arbeitslosigkeit wird zwar negativ das individuelle Humankapital beeinflussen, Fortbildungsmaßnahmen und das Engagement in sozialen Projekten, die Arbeit im Ehrenamt, könnten dies jedoch leicht kompensieren.

Generell sollte es das Problem der Arbeitslosigkeit und der damit einhergehenden Entwertung des mühsam aufgebauten Humankapitals nicht geben. Man könnte der Meinung sein, dass

dieses Problem gelöst sei, wenn es ein unbedingtes Grundeinkommen gibt, da dann ja niemand mehr durch die Arbeitslosigkeit in ein soziales Loch fallen kann und jeder trotz der fehlenden
Arbeit seinen Lebensunterhalt finanzieren kann. Ob dies so ist,
bedarf noch der Überprüfung. Die Einführung eines Grundgehaltes darf dabei nicht zu Lasten der Beschäftigten gehen. Das
Problem der Arbeitslosigkeit ist genau genommen ein Problem
der neuzeitlichen Volkswirtschaft als „Abfallprodukt" einer sich
immer weiter differenzierenden Arbeitswelt. Noch in den Anfängen der Agrarwirtschaft konnte jeder auf dem Hof praktisch
überall einspringen, es gab immer eine Arbeit für jeden auf dem
Hof. Erst in unserer modernen Volkswirtschaft mit vielen Spe-
zialisten stellte sich irgendwann die Frage, ob es nicht zu viele
Hufschmiede gab, da Pferde nicht mehr in der Landwirtschaft
eingesetzt wurden, dafür Bauschlosser und Schlosser für den
Reparaturdienst. Eine Idee, die nicht mehr benötigte Arbeitskraft wieder in den Arbeitsprozess einzugliedern, ist die, mittels
einer Umschulung eine neue berufliche Perspektive anzubieten.
Wenn allerdings immer mehr Arbeiten von Maschinen übernom-
men werden, dann hilft es auch nicht weiter, von einem nicht
mehr benötigten Beruf in einen anderen, bald auch nicht mehr
benötigten Beruf umgeschult zu werden. Eine andere Möglichkeit, Arbeitslose wieder in Arbeit zu bringen, könnte darin bestehen, staatlicherseits Arbeitsplätze zu schaffen, die sowohl
neue Bereiche abdecken wie auch dafür sorgen, dass alte Berufe
und damit im privaten Sektor schnell vergessene Fertigkeiten
nicht so einfach ausrangiert werden, sondern in überschauba-
rem Umfang als historisch wertvolle Berufe einen besonderen
Schutz erhalten, vergleichbar den denkmalgeschützten Häusern. Greift man die sinnvolle Forderung eines Anspruchs auf
Arbeit für jeden auf, dann sollte es auch möglich sein, jedem,
der in der privaten Wirschaft keine Arbeit mehr findet, nicht
nur eine Weiterbildung, sondern auch eine staatlich geförder-
te Ersatzarbeit anbieten zu können. Dabei sollte die Weiterbildung mit den entsprechenden Prüfungen auch als Arbeit eingestuft werden. Fragen wir uns nun, wie diese Maßnahmen denn

zu finanzieren seien, so fällt jedem sicherlich sofort die Steuer ein als einfachste Möglichkeit, die notwendigen Gelder dafür zu erhalten, man könnte auch sagen, wieder hereinzuholen. Dort, wo der Staat als Arbeitgeber auftritt, nimmt er bei Arbeiten, die auch von Privatunternehmen geleistet werden könnten, leider diesen Privatunternehmen die Möglichkeit, private Erlöse und privates Kapital zu erwirtschaften. Deshalb sind auch bei allen Eingriffen, die für sinnvoll gehalten werden, immer die Grenzen zwischen dem privaten und dem staatlichen Engagement streng einzuhalten, zwischen Privatbesitz und Gemeinbesitz klar zu unterscheiden.[14] Gerade bei der Bewertung von Humankapital ist zukünftig zudem mehr auf die funktionalen Werte zu achten.[15] Substanzielle Werte finden wir beim Humankapital eher nicht so viele, die befinden sich hauptsächlich im Sachkapital. Auch wenn Sachkapital gesondert zu behandeln ist, es hilft bei der Arbeit und dem Ziel, Wohlstand zu erreichen. Ein Auto im Privatbesitz kann sehr hilfreich sein, wenn es darum geht, entweder komfortabel zur Arbeit zu gelangen oder auch als Selbstständiger mit dem Auto seiner Arbeit nachzugehen. Ein Park und Geschäfte in der Nähe tragen ebenso dazu bei, das Leben zu erleichtern. Der kommunale Park ist das, was jeder Bürger kostenlos nutzen kann. Insofern werden Lebensplanung und Arbeit vor Ort auch von dem abhängen, was als Gemeingut zu nutzen ist und was im Privatbesitz verwaltet wird – oder auch nur gegen Entgelt mitbenutzt werden darf. Für den Arbeitgeber, der nur in Stoßzeiten eine Aushilfskraft beschäftigt, besteht der Wert der Arbeit seiner Angestellten in Ergänzung zu den klassischen Bewertungen zusätzlich in der kurzfristigen Verfügbarkeit. Die Nähe zur Arbeitsstelle kann den Wert des Humankapitals ebenso mitbestimmen wie die Flexibilität der Mitarbeiter. Gesundheit und eine bewusste gesunde Lebensführung sind ebenso wichtig bei einer rundum gelingenden Bewertung des Humankapitals.

11. Privat vs. Gemeingut

Häufig entsteht gerade bei Investments, die das neue Wachstum befördern sollen, die Frage, ob privates Geld eingesetzt wird oder auch Geld der öffentlichen Hand. Dem Verkäufer mag es zunächst gleich sein, woher das Geld kommt, dem Bürger, der das Geld der öffentlichen Hand verdienen muss, vielleicht weniger. Besonders Kredite, die der Staat aufnimmt, um Investitionen bezahlen zu können, sind oft sehr umstritten. Die Forderung, in Zeiten, in denen die Steuern nur so sprudeln, keine neuen Kredite aufzunehmen und eher bestehende Kredite zurückzuzahlen, verhallt eher im Nichts. Die Notwendigkeit der Kreditaufnahme bei versiegenden Steuereinnahmen wird hingegen umso mehr gerne auch mit Bezug auf die Aussagen von Ökonomen in Anspruch genommen. Die Hinweise, das geliehene Geld in Zeiten mit hohen Einnahmen möglichst schnell zurückzuzahlen, werden hingegen missachtet. Wenn der Staat Geld aufnimmt, so geschieht das in der Regel zu Lasten der weniger begüterten Bürger, denn die müssen die Kosten über Abgaben und Steuern bezahlen, während die Bürger mit Geldreserven dem Staat das aufzunehmende Geld leihen können und damit an den Zinsen verdienen, die der Staat dafür zahlen muss.

Für Privatpersonen kann neben dem Kredit auch das angesparte Geld aus den Einnahmen und aus einem ererbten Vermögen eingesetzt werden. Eine weitverbreitete Möglichkeit für eine Investition ist zum Beispiel eine revolutionäre Geschäftsidee, aber auch die Investition in ein Einfamilienhaus. Da ist es wichtig, sich auch mal ein paar Gedanken darüber zu machen, wie denn Privatbesitz zustande kommt und was den privaten Besitz von dem auch vorzufindenden Besitz der staatlichen Organe und der Gemeinden unterscheidet. So kann dann auch unterschieden werden zwischen dem Einsatz des Humankapitals für die Gemeinschaft und für den eigenen Bedarf!

Zum Privatbesitz gehört auch der Besitzanspruch an geistigen Gütern, das Copyright und das Copyleft. Inhalte im Internet, die frei kopierbar sind, sollten als intangible Güter unter dem Begriff der Allmende aufgeführt werden, um eine klare Einordnung in die Art des Humankapitals zu gewährleisten, was nicht heißt, dass alle intangiblen Güter auch Allgemeingut sind. Eine Gemeinde, die ein prachtvolles Rathaus bauen lässt, bekundet damit eine Machtposition, das, was die Fürsten und Könige in den vergangenen Jahrhunderten dazu veranlasste, so ihre Machtposition sichtbar zu bekräftigen. Immobilien waren und sind noch immer ein Spiegelbild der Macht, weshalb neben Kaisern und Königen auch die Repräsentanten der Demokratie sich gerne mit einem Prachtbau verewigten. Sei es nun ein Haus, ein Auto oder der letzte Modeschick, alles kann Auskunft geben über das vorhandene Humankapital – oder dieses auch vortäuschen. Das Humankapital selbst ist als solches immer Privatbesitz, auch wenn es bei einem Projekt, einem Vorhaben von einer Projektgruppe oder der Gemeinde, der Stadt, neben dem Finanzkapital in der Planung auftaucht. Im Privatbesitz sollte sich prinzipiell alles befinden, was mit dem Erlös aus privater Arbeitskraft erworben und nicht von vornherein zum Nutzen der Allgemeinheit bestimmt ist. Der gemeine Besitz ist vor allem der bereits von den Urvätern zur allgemeinen Nutzung bereitgestellte Besitz des Staates und der Gemeinden. Alles, was über die Generationen hinweg zu verwalten ist wie Luft, Wasser und Boden, sollte vom Staat verwaltet und nur über Lizenzverträge zeitweise an private Organisationen, Eigenheimbesitzer und in Ausnahmefällen auch an weitere Einzelpersonen verpachtet werden. Die Pachtverträge sollten nicht über 100 Jahre hinaus abgeschlossen werden. Netzwerke der Mobilität und des Informationsaustausches sind ebenso nicht privatrechtlich zu verwalten wie die Plätze und Institutionen der lokalen Erholung im Nahbereich der Städte, ebenso Bildungs- und Ausbildungsnetzwerke, nicht zu vergessen die Forschungsnetzwerke! Alles, was nicht im Privatbesitz ist, muss im Sinne und zum Nutzen der Gemeinschaft verwaltet und genutzt werden.

Werden durch Privatunternehmen Arbeiten für die Stadt durchgeführt, die diese vergeben hat, dann könnte die Stadt im Vergabeverfahren auch die Berücksichtigung von Arbeitslosen im Rahmen dieser Arbeiten für die Stadt erwarten; sie kann diese verlangen, indem gefordert wird, Arbeitslose mit entsprechender Eignung auf Zeit einzustellen, jedenfalls solange Arbeiten für die Stadt ausgeführt werden.[16] Damit wird dann die Grenze zwischen Privatkapital und Gemeinkapital eindeutig eingehalten, wenn bestimmte Forderungen hinsichtlich der Ausführung in den Ausschreibungen klar als solche formuliert werden. Eine direkte Beteiligung der Stadt oder der Gemeinde an den Unternehmen, die für sie arbeiten, ist in jedem Fall zu untersagen und muss gesetzlich ausgeschlossen werden. Auf keinen Fall sollte es staatlichen Organen erlaubt werden, Aktien oder sonstige Beteiligungen an privaten Firmen zu halten.

12. Gewinn und Schulden

Firmen können als Familienunternehmen oder auch als Gesellschaften auftreten. Familienunternehmen haften mit dem Kapital der Familie, Gesellschaften mit dem Kapital der Gesellschafter sowie bei Aktiengesellschaften mit dem der Aktionäre, wenn die Gesellschaft als Aktiengesellschaft eingetragen ist – so könnte man kurz und knapp die rechtlichen Zusammenhänge umreißen. Wertpapiere kennt man in der Regel nur solche, die von Gesellschaften ausgegeben werden. Bei Familienbetrieben werden Kredite und Schuldscheine herangezogen, um Geld zur Überbrückung oder bei Firmenerweiterungen beschaffen zu können. Zu den Wertpapieren zählen, das sei noch kurz angemerkt, nicht nur Aktien, sondern auch Anleihen, Optionsscheine und allgemein Derivate. Zur Finanzierung der privaten Firma können allerdings nur Bankkredite, Anleihen, Aktien und persönliche Kreditvereinbarungen herangezogen werden. Wertpapiere können den Charakter von Schuldscheinen annehmen, genauso gut aber auch Eigentumsrechte bescheinigen. Aktien sind in der Regel Besitzurkunden, eine Anleihe, eine Art Schuldschein. Daneben gibt es auch Wertpapiere, die weder Besitzrechte noch Kreditverbindlichkeiten darstellen, sondern als Derivate der Basiswerte eigentlich nur Wetten darstellen, zum Beispiel auf Wertsteigerungen. Gewinne können bei den Derivaten ebenso entstehen wie bei den Basiswerten. Grundsätzlich kann man dabei nur von Marktwerten ausgehen, nicht aber von Arbeitsleistungswerten.

Verteilungsprobleme

Gewinne erwirtschaftete man in den Urgesellschaften der Steinzeit grundsätzlich keine, alles, was erjagt und gesammelt wurde, gehörte dem Familienclan. In den darauffolgenden Zeiten der Agrarwirtschaft war es das Land, das seinem Besitzer einen

Gewinn einbrachte, und grundsätzlich nur ihm. Wer ein Lehen bewirtschaftete, musste seinem Lehnsherrn einen Teil der Ernte abgeben; der Teil, den man als Gewinn bezeichnen könnte, der Rest war für den Eigenbedarf gedacht. Wenn das Land der Eltern nicht ausreichte, alle Kinder zu ernähren, erst recht nicht die Familien der Kinder, so blieb die Möglichkeit, neues Land zur Bewirtschaftung zu suchen, von Westeuropa aus zunächst im Osten Europas, dann in dem neuen Gelobten Land jenseits des Atlantiks, in Amerika. Erst Jahrzehnte später werden die Handwerker in Europa und Amerika ihre Tätigkeitsfelder ausweiten und mit den ersten mechanischen Hilfsmitteln nach der Erfindung der Dampfkraft auch ihre Geschäftsfelder erweitern. Mit den ersten Lokomotiven und hernach mit dem Ausbau der Schienenstrecken erhöhte sich die Mobilität in der gesamten Bevölkerung. Damit war es möglich, die Massen an arbeitswilligen Menschen in den neuen Manufakturen und den aufstrebenden Fabriken zum Beginn der industriellen Revolution aufzusaugen. Die Macht der Großgrundbesitzer verschwindet im Laufe der Zeit, auch fehlen die Arbeitskräfte. Neue, sehr effektive Landmaschinen helfen in der Folge, die fehlenden Landarbeiter zu ersetzen, machen aber auch in gewisser Weise abhängig von den neuen Herren der Fabriken, in denen die Maschinen produziert werden. Die neuen Herren, die Industriebosse und die das Geld bereitstellenden Kapitalisten verlieren bei diesem Übergang der Machtverhältnisse in den meisten Fällen den persönlichen Kontakt, der auf dem Landgut doch noch existierte. Die neuen Herren verstecken sich hinter ihren Kalkulationen, die Menschen sind nur noch Positionen in der Kalkulation, die Masse verarmte, es entstand ein Proletariat, das so vorher nicht vorhanden war.

In der Geschichte ist die Macht durch den Besitz von Land und Ländereien natürlich nicht gleich verschwunden, sie wurde durch das Finanzkapital erst nach und nach verdrängt. Mit diesem Finanzkapital war es dann auch möglich, die neuen Maschinen zu kaufen, aber auch die Arbeitskraft der landlosen, arbeitssuchenden Bevölkerung. Damit gewann der Begriff des Humankapitals neben dem des Finanzkapitals seinen Sinn, die semantische Bedeutung im Rahmen einer Planung von Arbeitsabläufen und dem Aufbau neuer Geschäftsmodelle. Bis in die Anfänge des 19. Jahrhunderts war es wohl so, dass der Anstieg in der Bevölkerungszahl nicht mit mehr Wohlstand verbunden war, vielmehr hinkte die Versorgung dem Wachstum der Bevölkerung hinterher, in modernen Termini ausgedrückt, das BIP pro Kopf sank, obwohl neue Rohstoffquellen gefunden und neue Produkte auf den Markt kamen, es wurde zwar mehr produziert, aber nicht genug für die ständig wachsende Bevölkerung. Gehen wir wie Galor (2011) von einer Periode der Stagnation bis in die Anfänge der Industrialisierung aus, so wird erst durch die Spezialisierung im Arbeitssektor im Verlaufe der Industrialisierung auch eine Veränderung im durchschnittlichen Einkommen und im Wohlstandsniveau mit positiver Tendenz beobachtbar. Die Zeit der wirschaftlichen Stagnation[17] ist damit vorüber und es beginnt das ab Mitte des 19. Jahrhunderts beobachtbare Wohlstandswachstum[18] in den Volkswirtschaften der westlichen Hemisphäre. Mit diesem neuen Wachstum steigen aber auch die Ansprüche an die Kenntnisse und Fertigkeiten der Mitarbeiter. Die entsprechenden Bemühungen im Bildungsbereich, durch Reformen die nachwachsenden Arbeitskräfte mit einer besseren Schulbildung auf die neuen Anforderungen vorzubereiten, führten im deutschsprachigen Raum zu verschiedenen Schulreformen, so auch zu der Idee der Realschule und der Realgymnasien. Damit ließ sich der Gedanke eines Humankapitals erstmals klar umreißen, auch wenn er noch nicht allgemein im Sprachgebrauch angekommen war. Von einem Humankapital zu sprechen, war auch erst interessant, seitdem Bildung und Ausbildung zu einer erheblichen Steigerung in der Arbeitsleistung der Mitarbeiter führten. Dies mag auch dafür verantwortlich sein, dass die im Spiegel des BIP ausgedrückte Wachstumskurve Mitte des 20. Jahrhunderts in die exponentielle Phase übergeht. Sonderbarerweise beginnt damit aber auch die Lücke im Einkommen zwischen Reich und Arm immer größer zu werden. Dennoch steigt auch der allgemeine Wohlstand, da gerade Facharbeiter und Ingenieure durchaus ihren Teil vom Kuchen abbekommen. Dass dennoch die Verteilung des gesellschaftlichen Gewinns sehr ungleich erfolgt, mag zum einen an der noch mangelhaften Ausbildung eines großen Teils der Bevölkerung liegen, zum Teil aber auch daran, dass die Elite alles unternimmt, ihre Kinder in gut bezahlte Jobs vermittelt zu bekommen. Dazu gehört auch, die Kinder auf die besten Schulen zu schicken und zudem auf Universitäten und Managementschulen mit bestem Ruf, auch wenn dies nicht immer besonders preiswert ist, schließlich bieten immer mehr private Universitäten gute Aussichten auf einen Abschluss mit nahezu sicheren Arbeitsplätzen in der Wirtschaft. Man erinnert sich inzwischen, Anfang des 21. Jahrhunderts daran, wie die Firmen anfingen zu klagen, dass die Auszubildenden nicht mehr hinreichend in den Grundfertigkeiten der Zivilisation, dem Rechnen und Schreiben, geschult seien. Da stellt sich die Frage, ob das Humankapital nun nur die Addition der in Schulen erhaltenen Bildung zu den vorab bereits vorhandenen Fähigkeiten darstellt. Es fehlt in vielen Fällen auch die Einübung von einfachen technischen Fertigkeiten; Fertigkeiten, die helfen können, ohne viel Geld den Alltag zu meistern, zu vereinfachen und seinen Teil zum Schutz von Klima und Umwelt beizutragen. Dazu gehört auch die Fähigkeit, in einer Gesellschaft im Überfluss den Überfluss möglichst gerecht verteilen zu können! Dazu bedarf es gerade jetzt neuer Anstrengungen, um den Bildungsbereich auf das neue Jahrhundert der digitalen Durchdringung einer global ausgerichteten Volkswirtschaft einzustimmen. Bevor dies weiter zu diskutieren ist, soll aber versucht werden, auch die negativen Einflüsse, die auf das Humankapital einwirken, zu erfassen.

Negative Einflüsse auf das Humankapital?

In einer freien Wirtschaft kann prinzipiell jeder das tun, was er will, hoffentlich genau das, was er am besten kann, um so für sich und die Gemeinschaft das Beste herauszuholen. Die

Maxime ist, dass jeder seinen Platz in der Gesellschaft finden kann, aber kann er das wirklich? Was ist mit denen, die nicht darauf aus sind, ihren Platz in der Arbeitswelt zu finden, gibt es doch auch Nischen jenseits des offiziellen Arbeitsmarktes! Humankapital wird nicht immer zum Nutzen der Gesellschaft eingesetzt, es kann auch eingesetzt werden, um an den Gewinnen zu partizipieren, ohne dafür eine Gegenleistung zu erbringen, sogar mit dem Ziel der Zerstörung einer Gesellschaftsordnung oder einzelner Mitglieder! Dabei ist der Einsatz von Drogen nur ein Mittel, das auch ganz bewusst einsetzbar ist, um eine Gesellschaft zu zerstören, besonders dann, wenn sie als lasch in ihren Gesetzen und unmoralisch in ihren Handlungen und geistigen Zielen auch mit dem Titel der Ungläubigen belegt wird! Der moralische Anspruch mag bei der heutigen Drogenmafia in den Hintergrund gerückt sein, flammt aber immer wieder bei aggressiven und militanten Gruppen auf, wie zum Beispiel dem IS. Der Gebrauch von Drogen war und ist aber auch den Gurus in Indien in genau bezifferten Bereichen eigen, war auch Teil von Zeremonien in den Hochkulturen Mittelamerikas, und zwar mit unterschiedlichen Zielen. Im Opiumkrieg wurde die Droge Opium eindeutig dazu eingesetzt, den Gegner in China möglichst kampfunfähig zu machen. In der heutigen westlichen Welt gelangen zudem neuerdings im Labor hergestellte Opioide[19] auf den Markt. Noch sind die auf pflanzlicher Basis produzierten Cannabisprodukte nicht so sehr durch ausländische Kartelle beeinflusst wie der Handel mit Kokain, Crystal Meth, und Fentanyl. Sehr gefährlich sind die Drogenkartelle in Süd- und Mittelamerika, da hier verschiedene Machteinflüsse zusammenkommen, Militär, Guerillagruppen, Drogenbosse und skrupellose Geschäftsleute. Kriegerische Kämpfe und die Auseinandersetzungen mit den verschiedenen Milizen und Terrorgruppen haben sowohl in Europa wie auch in Mittel- und Südamerika in den vergangenen Jahrhunderten viele Menschenleben gekostet. Dieser Verlust an Humankapital wurde bislang noch nicht mal in Ansätzen erfasst, die Verluste von Malern, Literaten und Ingenieuren in den europäischen Kriegen, um nur einige Gruppen anzusprechen, sind kaum zu ermessen. Hinzu kommen Verluste aus Verkehrsunfällen, Überfällen, heimtückischen Morden und vermeidbaren Erkrankungen, fehlenden Medikamenten und fehlenden medizinischen Versorgungsmöglichkeiten. Nicht zu vergessen sind auch falsche Behandlungen mit Medikamenten, Bewegungsmangel, falsche und ungesunde Ernährung sowie falsche und fehlende Bekleidung. Aufklärung, medizinische Hilfe auch ohne Krankenschein und die Breitstellung von Unterkünften für Obdachlose könnten so manches Leid und damit auch den Verlust von Humankapital vermeiden helfen. Genauer eingehen müssen wir an dieser Stelle auch auf den bewussten Verlust an Humankapital im Rahmen der Eroberungskriege in den vergangenen Jahrhunderten. Eine wachsende Bevölkerung war für eine Agrarökonomie von Anfang an eine Gefahr, konnte man doch ohne neue zu bewirtschaftende Felder die hungrigen Mäuler nicht mehr stopfen. Der Ausweg war, das Herrschaftsgebiet auszudehnen, um neue Agrarflächen für die eigene Bevölkerung zu erobern. Um dies zu erreichen, wurde ein Krieg geführt. Mit diesen Kriegen eroberte man nicht nur neue Agrarflächen, man dezimierte gleichzeitig auch die stark wachsende Bevölkerung. Damit wurde dem entgegengewirkt, was Malthus in seinen ökonomischen Theorien aufgearbeitet hat und während der Stagnation noch bis in die Anfänge der industriellen Revolution Gültigkeit besaß, dass die Erzeugung von Nahrungsmitteln nur bedingt mit dem Wachstum der Bevölkerung mithalten konnte. Gewinne konnten den Wohlstand nicht erhöhen, wurden sie doch durch den Zuwachs in der Bevölkerung verzehrt. Ein Krieg führt zu Verlusten in der Bevölkerung und zu Vermögensverlusten. Kriegsverluste der besonderen Art erleiden diejenigen, denen das Geschäft zerstört wird, während andere das Glück haben, in den Jahren nach dem Krieg in den unversehrten Gebäuden fast wie vor dem Krieg neu anfangen zu können.[20] Die Toten und Verletzten verändern die Volkswirtschaft ebenso in einer zwiespältigen Weise, sie können den Wiederaufbau nicht mehr oder nur bedingt voll begleiten. Die Immobilien sind zerstört, die Landschaft verwüstet, alles muss neu aufgebaut und oder neu hergerichtet werden. Mit den zerstörten Häusern und Brücken gehen Werte verloren, die mit viel Fleiß und Arbeit in den Vorkriegsjahren erwirtschaftet wurden. Doch Kriege hinterlassen nicht nur Tote und Verlierer, es gibt auch Gewinner. Einer der Hauptgewinner ist die Bauwirtschaft, sie gewinnt sowohl bei einem verlorenen wie auch bei einem gewonnenen Krieg. Das Wirtschaftswunder in den Nachkriegsjahren in Deutschland wäre ohne den Zweiten Weltkrieg nicht möglich gewesen. Das soll jetzt nicht heißen, dass wir spätestens alle 100 Jahre einen Krieg brauchen, damit neue Innovationen eine Chance bekommen. Wir können nicht so zynisch sein und die vielen Menschenopfer in einem Krieg als notwendig erachten. Alte Bauten kann man abreißen, alte Autos verschrotten, dazu bedarf es keiner kriegerischen Zerstörungen. Es wird Zeit, darüber nachzudenken, wie derartige Zerstörungen auch ohne einen Krieg als notwendig in den Kreislauf einer nachhaltigen Ökonomie einzubauen sind. Wird der Rückbau alter Gebäude mit teilweisem Recycling und einer Rückgewinnung von Energieanteilen eingeleitet, so kann man damit auch neue, vorher nicht vorhandene Arbeitsplätze schaffen. Genügend Arbeit und Geld in den Händen der Arbeitenden können dann sogar einen Aufschwung einleiten, der ohne die Zerstörung vorab nicht denkbar ist. Die exponentielle Wachstumsphase wird, so könnte man argumentieren, erst durch die vorab erfolgte Zerstörung und den Wiederaufbau möglich. Deshalb sollten wir unbedingt alle negativen Einflüsse auf das Humankapital dahin gehend untersuchen, inwieweit sie auf lange Sicht nicht doch einen positiven Effekt haben können und inwieweit die negativen Effekte abzumildern sind, ohne auf die positiven Effekte verzichten zu müssen. Wichtig ist vor allem die Frage, inwieweit es möglich wird, diese Prozesse zu steuern, sodass sie in eine nachhaltige Kreislaufwirtschaft als integrierbar erscheinen. Störend wirkt sich dabei die heutige Steuergesetzgebung aus. Das Humankapital darf nicht durch Steuern auf die Arbeitsleistung vernichtet werden. Steuern sind vom Gewinn zu bezahlen, nicht aber explizit von dem Bürger, sobald er einer Arbeit nachgeht, was ja quasi als Bestrafung dafür aufzufassen ist, dass man mit seiner Arbeitsleistung zum Wohle des Gemeinwesens beiträgt. In einer Gesellschaft im Überfluss sollte dies auch gänzlich überflüssig sein, schließlich wurde die Einkommenssteuer eingeführt, weil sie problemlos und leicht zu erheben ist, nicht weil sie gerecht ist. Wenn genug Gewinne gemacht werden, dann benötigt man die anderen Steuern neben der Gewinnsteuer auch nicht mehr, um die Aufgaben des Staates zu finanzieren. Neben den Steuern bedienen sich die Kommunen auch diverser Abgaben, um ihre Aufgaben mit dem Geld der Bürger zu erledigen. Erschließungskosten sind da ein Objekt, über das immer häufiger gestritten wird, wenn der Bürger plötzlich völlig unerwartet zur Kasse gebeten wird. Wird in einem Neubaugebiet eine neue Straße gebaut, so liegt die Hauptlast der Kosten bei den Bürgern und wird über die Erschließungskosten abgerechnet. Wer neu baut und direkt beim Kauf des Grundstücks mit diesen Kosten konfrontiert wird, kann diese Kosten direkt zu den Grundstückskosten dazurechnen. Viele werden mit Kosten jedoch erst Jahrzehnte nach Fertigstellung der Straße durch Rechnungen von mehreren Tausend Euro dazu gezwungen, Schulden aufzunehmen, da diese Kosten ansonsten nicht zu bezahlen sind. Dies ist eine klare Schuldenfalle, die abzuschaffen ist. Das Grundproblem ist hier der private Landbesitz. Würde das Grundstück von der Kommune nur leihweise zur Verfügung gestellt, weil es eben nicht Privatbesitz ist, dann könnte diese zwar Pachtgebühren erheben, nicht aber eine Erschließungsgebühr verlangen. Die Pachtgebühren wären für den Hausbesitzer nicht das große Problem und würden den Kommunen dauerhafte Einnahmen sichern.[21] Die Banken sind natürlich gerne bereit, gegen einen guten Zins das nötige Geld zu leihen. Anfänglich mag das auch kein Problem sein, jedenfalls wenn die notwendige Bonität gegeben ist, kann auf längere Zeit aber zur Schuldenfalle werden. Banken und damit zusammenarbeitende Geschäfte versuchen gar den Bürger selbst bei geringen Beträgen in die Schulden zu locken, zum Beispiel mit dem Slogan „Sofort genießen, erst später zahlen!". Wenn Schuldenberater noch rechtzeitig helfen können, um einen Ausweg aus der totalen Überschuldung zu finden, können betroffene ürger noch froh sein. Die Schuld aus solchen Schuldenfallen kann man der Gier von Bankern zuschreiben, ist aber zu einem guten Teil sogar systembedingt. Ohne über den Zins am Verleih von Geld zu verdienen, könnte man sich derartige Schuldenfallen wohl kaum vorstellen. Die Tatsache, dass auch Banken sich untereinander Geld leihen, führt zu dem absurden Phänomen, dass selbst Banken mit Schuldenfallen zu rechnen haben. Banker haben allerdings weniger Probleme mit den Zinsen gegenüber Partnerbanken, sondern eher mit Spekulationen einzelner Mitarbeiter und mit den Boni, die selbst bei einer Schieflage der Bank noch ausgezahlt werden. Ein Verbot, auf verliehenes Geld Zinsen zu erheben, könnte natürlich helfen und ist sogar mehrmals in der Geschichte angewendet worden. Man könnte noch radikaler vorgehen und ein Verbot aussprechen, Schulden zu machen. Die Geschichte zeigt uns jedoch sehr klar, dass dies unmöglich ist. Eine Gesellschaft ohne Schulden ist eine Illusion. Worauf es ankommt, ist die Art und Weise, wie Schulden in das wirtschaftliche Handeln zum Nutzen und nicht zum Schaden eingebaut werden.

13. Hobby, Vergnügen und Erholung

Wer sein Leben lieber in der Spielhalle verbringt, als einer ehrbaren Arbeit nachzugehen, und somit keinen positiven Beitrag zum Gemeinwohl leistet, der wird in unserem System auch noch damit belohnt, dass auf Spielgewinne keine Steuern erhoben werden. Ein Gewinn im Lotto oder bei Günther Jauch wird ohne Steuerabzug ausgezahlt, während die Mitarbeiter in den Büros mit einer Einkommenssteuer rechnen müssen. Wer in einen Vergnügungspark geht, um dort mal für ein paar Stunden vom Alltagsstress und dem Stress am Arbeitsplatz abzuschalten, der muss auch dort mit der entsprechenden Besteuerung rechnen. Dies wird niemand als einen Versuch auswerten, das Bedürfnis der Bürger nach Erholung und Abschalten vom Stress des Arbeitslebens zu drosseln. Auch sind die Bemühungen, mit einem guten Bildungssystem die nachwachsende Generation für ein erfülltes Arbeitsleben fit zu machen, nicht darauf ausgerichtet, dem in der Freizeit nachgegangenen Hobby und Vergnügen einen Riegel vorzuschieben. Wer es schafft, sein Leben so zu gestalten, dass die Arbeit zum Hobby wird, den kann man in jedem Fall beglückwünschen. Vergnügen sollte möglichst auch die bezahlte Arbeit bereiten. Probleme entstehen meist durch eine tatsächliche oder auch nur gefühlte Fremdbestimmung. Erholungsphasen sind bei jeder Arbeit in ausreichendem Maße mit einzuplanen und Hilfen dazu auch Teil eines jeden guten Bildungssystems.

Nicht immer lässt sich klar unterscheiden zwischen Arbeit, Freizeitbeschäftigung und Hobby. Der Animateur im Freizeitklub, der Fitnesstrainer, die Bediensteten in Hotels und Restaurants an den bevorzugten Urlaubsorten – sie müssen dort arbeiten, wo andere ihren Urlaub verbringen. Seitdem es eine Sozialversicherungspflicht gibt, unterscheidet man zwischen einer Arbeit, die sozialversicherungspflichtig ist, und einer Arbeit, die nicht sozialversicherungspflichtig ist. In Deutschland kennt man da zusätzlich noch die Beschäftigung bis zu 520 Euro, die nicht voll der Versicherungspflicht und Steuer unterliegt. Nachbarschaftshilfe, die Jugendarbeit in den Sportvereinen sowie die ehrenamtliche Arbeit in sozialen Einrichtungen unterliegen ebenfalls nicht der üblichen Sozialversicherung. Daneben entwickelt sich in den letzten Jahren ein Arbeitsfeld mit überdurchschnittlichen Zuwächsen heraus, bei dem die Zuordnung kaum noch gelingt. Die Arbeit vom heimischen Rechner aus ist beim Homeoffice noch einigermaßen klar, nicht so bei Selbstständigen, wenn sie das Internet einsetzen, um für sich und ihr Geschäft Reklame zu machen! Mitunter entsteht auch ein Mix zwischen der Arbeit eines professionellen Werbetexters und der des laienhaften Selbstständigen, der die vorbereiteten Werbefenster mit aktuellen Inhalten füllt. Das Internet vereint alles, Business, Hobby und ehrenamtliche Arbeit.

Das Internet ist Informationsplattform, ein öffentlicher Marktplatz, Agitationsmedium, Ort zum Austausch in sozialen Medien, konspirativer Treffpunkt, illegaler Marktplatz und zudem gibt es auch Leute, die einer sozialversicherungspflichtigen Arbeit im Internet nachgehen! Wer kann aber womit im Internet Geld verdienen? Das Internet ist vor allem ein idealer Werbeplatz. Zum einen kann sich ein Laden hervorragend mit seiner Ware und seinen Diensten im Internet präsentieren. Auch Musiker können ihre Musik im Internet anbieten und so mit Demo-Videos den Verkauf anregen. Man kann sich aber auch im Internet Musik herunterladen, einfach, um sich zu erbauen, zu erholen, ebenso wie auch ein Gemälde, ein Buch, ein Zeitungsartikel in eine andere Welt führen können, die den Stress aus dem Alltagsleben abklingen lässt. Der Sport kann ebenfalls helfen, die Batterien neu aufzuladen, und damit den Menschen vor psychischen Zusammenbrüchen bewahren. Andererseits gibt es auch Menschen, die der Arbeit möglichst aus dem Weg gehen und deshalb alles scheuen, was sie auf Dauer binden könnte. Damit stellen sie für die Gesellschaft verlorenes Humankapital dar. Da könnte es schon falsch sein, Leistungen, für die andere arbeiten müssen, aus purer Menschlichkeit kostenlos anzubieten. Ein kleiner Trick könnte hier helfen: das Grundeinkommen mit der strikten Forderung, Verantwortung für sich und den Nachbarn zu übernehmen. Anspannung und Entspannung müssen generell im Gleichgewicht gehalten werden, also auch Vergnügen und Arbeit, und zwar bei allen Bürgern, den Arbeitslosen ebenso wie bei den Superreichen in der Gemeinschaft. Um das Gleichgewicht zwischen Arbeit und Freizeit nicht zu stören, um diese Work-Life-Balance, wie es auf Neudeutsch heißt, zu fördern, könnte man die Forderung aufstellen, grundsätzlich die Arbeitsleistung nicht zu besteuern, sodass mehr Geld für das Freizeitvergnügen übrig bleibt. Die innere Logik der Steuergesetzgebung stimmt nicht mehr mit den Gegebenheiten im Heute und in der Zukunft überein. Längst ist die Freizeit nicht mehr nur ein individuelles persönliches Vergnügen, die Freizeit ist Teil eines neuen, enorm wachsenden Wirtschaftszweiges. Neben Fitnessstudio, Wellnessbad und Sportpark, Skizirkus und Restauration verdienen auch die Hotels, die Bahn und selbst die Autoindustrie an der Freizeit der Bürger, wenn wir den Urlaub hier mit einbeziehen. Die Gewinne in diesen Bereichen steigern Jahr für Jahr enorm.

14. Arbeit und Einkommen

Von dem Arbeitslohn sind nicht nur die Ausgaben für den reinen Lebensunterhalt zu decken, immer mehr Geld wird für Freizeitvergnügungen benötigt. Vieles von dem, was heute zum Standard gehört, war vor 200 Jahren noch gänzlich unbekannt, die Bedürfnisse haben sich entsprechend geändert. Ein Leben mit Smartphone, Fernseher und Auto ist daher auch teurer als vor 200 Jahren. Man könnte deshalb auf die Idee kommen, dass es notwendig ist, mehr zu arbeiten als früher in einer Zeit, in der es all diese Dinge noch nicht gab.

Die Arbeitsleistung eines Mitarbeiters im 21. Jahrhundert ist allerdings höher anzusetzen als im 18. Jahrhundert, allein schon wegen der längeren Schulzeiten und der langen Ausbildungszeiten. Deshalb muss auch für die gleiche Arbeitszeit mehr Lohn gezahlt werden. Eine höhere Entlohnung ist außerdem notwendig, um die Rentenkosten abdecken zu können. Man muss nicht das Renteneintrittsalter nach hinten verschieben, um genug Geld für die Rente einsammeln zu können, ein höheres monatliches Einkommen kann zu dem gleichen Endergebnis führen. Wenn die Arbeitsleistung wertvoller wird, dann muss sie eben in kürzerer Zeit das Geld aufbringen, um sogar eine längere Rentenzeit finanzieren zu können.[22] Selbst die wöchentliche Arbeitszeit sollte nicht erhöht, eher heruntergesetzt werden. Wer hart und konzentriert arbeitet, der benötigt auch Pausen und Zeit zum Relaxen!

Arbeit und Erholung die gehören zum Leben wie Atmen und Essen, weshalb es auch ein Recht auf Arbeit geben sollte. Ob und wie diese Arbeit entlohnt wird, das mag auf einem anderen Blatt geschrieben sein. Nicht jede Arbeitsleistung wird entsprechend entlohnt, nicht jedes Einkommen ist Arbeitslohn für geleistete Arbeit! Ohne ehrenamtliche Arbeitsleistungen würde unser

Gemeinwesen nicht so reibungslos funktionieren, wie dies tatsächlich der Fall ist. Andererseits leben viele aus den Renditen ihres Kapitals, ohne auch nur einen Finger zu krümmen. Hinzu kommen noch Taschendiebe, Bettler, Betrüger und andere Bürger, die es schaffen, ihr Leben ohne Arbeit hinlänglich gut zu leben! Auch Empfänger von Sozialleistungen, gleich welcher Art, erhalten genau genommen ein Einkommen, allerdings ohne dafür eine Arbeitsleistung erbracht zu haben. Wir können dies alles so hinnehmen, wir können uns in dem ein oder anderen Fall um Veränderung bemühen, wir sollten aber nicht vergessen, jedem volljährigen Bürger das Recht auf einen Arbeitsplatz einzuräumen, gleichgültig, ob er dieses Recht in Anspruch nimmt oder nicht.

Einerseits braucht ein gut funktionierendes Gemeinwesen Personen, die bereit sind, Arbeitsleistungen ohne Entlohnung zu erbringen, andererseits müssen aber auch bedürftige Personen durch die Arbeitsleistungen anderer mit dem Geld der Kommune am Leben erhalten werden, ohne dass eine Gegenleistung erbracht wird. Ein Grundeinkommen für alle, das die Grundbedürfnisse des Lebens abdeckt, könnte da als Aufforderung verstanden werden, sich, ohne zu arbeiten, allein der Muße hinzugeben und den Tag in der Hängematte zu verbringen! Mit derartigen Argumenten wird die Diskussion um ein Grundeinkommen schnell abgewürgt, obwohl ein Grundeinkommen für alle Bürger sogar kostengünstiger sein kann als das jetzige Sozialsystem. Es darf eben nicht darum gehen, dem Volk Essen und Spiele anzubieten, um die Menschen damit ruhigzustellen und von einer Partizipation am öffentlichen Leben auszuschließen! Die Arbeit ist mehr als nur ein Mittel, um genug Essen für die Familie zu erwirtschaften! Mit der Arbeit nimmt man am gemeinschaftlichen Leben teil und wird dadurch auch Teil der Gemeinschaft. Deshalb muss es auch ein Recht auf Arbeit geben. Andererseits kann es auch eine Pflicht geben, Arbeiten für die Gemeinschaft zu erledigen, die sonst nicht getan werden. Nur der Mensch, dem die Neugier systematisch ausgetrieben wurde, wird sich einem eher sinnlosen Dahinvegetieren hingeben! Wenn harte, ehrliche Arbeit mit der Erpressung von Schutzgeldern und hohen Steuern auf den Arbeitslohn belohnt wird, dann müssen wir uns allerdings nicht wundern, wenn die Kriminalität um sich greift, ist es doch leichter, Geld zu erpressen, als mitten im Leben stehend einer Arbeit nachzugehen, die allen in der Gemeinschaft dient. Leider ist es noch immer so, dass der, der Geld und Besitz vorweisen kann, auch Geld leihen kann; nicht so der, der ein hohes Potenzial an Arbeitsleistung vorweisen kann. Die Bonität ist derzeit nicht so sehr an die Arbeitsleistung gebunden, sondern vom Vermögen abhängig, und das, ohne einen Blick darauf zu werfen, woher das Vermögen kommt! Vermögen an sich ist kein Grund für hinreichende Bonität, diese sollte vornehmlich durch die nachweisliche anrechenbare Arbeitsleistung begründet werden. Die Kreditwürdigkeit kann auch mit einer Formel berechnet werden die neben der sozialversicherungspflichtigen Arbeit die Arbeit im Haushalt, ehrenamtliche Arbeit und Weiterbildung berücksichtigt. Vermögen, wie zum Beispiel Immobilien, kann eine Rolle spielen, wenn es sich um ein mit Arbeitsstunden anrechenbares Vermögen handelt. Zu klären ist, inwieweit die vorhandenen Vermögenswerte über erfolgte Arbeitsleistungen abzurechnen sind. Es muss auch darum gehen, den Erwerb einer Immobilie selbst denen zu ermöglichen, die aktuell trotz regelmäßiger ehrlicher Arbeit keine Immobilie erwerben können, weil sie der Bank keine Sicherheiten anbieten können, da ihre potenzielle Arbeitsleistung nicht angerechnet wird. Ein Grundeinkommen schafft auch in dieser Hinsicht bessere Ausgangsbedingungen. Selbst eine Beschäftigung im Niedriglohnbereich als zusätzliche Einnahme sollte die Bonität erheblich verbessern. Wenn jeder Bürger ein Einkommen hat, kann auch jeder Bürger sich selbst um seine Unterkunft kümmern, ohne nachweisen zu müssen, dass die Wohnung nicht etwa einen Quadratmeter zu groß ist. Jobcenter und Sozialämter hätten zudem weniger Arbeit, würden also erheblich entlastet. Wenn jeder ein Einkommen hat, kann man auch Entschädigungen bei Straftaten besser regulieren und hoffen, dass niemand nur deshalb kriminell wird, weil er keinen Job hat![23] Bei nicht zu enger Auslegung der notwendigen und zugestandenen Bedürfnisse, nach denen die Höhe des Grundgehaltes berechnet wird, kann man sogar Verfehlungen und nicht erbrachte Leistungen für die Gemeinschaft mit Abstrichen am Grundgehalt ahnden!

Prinzipiell ist jedoch auch die Frage zu stellen, wie viel Arbeitsleistung bei einer vollen Stelle zu erwarten ist. Noch immer wird der Arbeitstag mit acht Stunden als normal angesehen, und das bei fünf Arbeitstagen die Woche, früher sogar bei sechs Arbeitstagen, was im Hinblick auf die weitere Automatisierung in der Produktion nicht mehr angemessen erscheint. Selbst in der Landwirtschaft schafft man heute dank der großen Maschinen erheblich mehr pro Person als noch vor 50 Jahren. Die notwendige Arbeitszeit pro Person kann demnach generell herabgesetzt werden. Bereits Keynes scheint eine Arbeitszeit von 15 Stunden die Woche pro Person für sinnvoll und machbar zu halten.[24] Wegen der besseren Teilbarkeit durch zwei würde ich 16 Stunden pro Woche vorschlagen, die Hälfte der wöchentlichen Arbeitszeit wäre dann mit acht Stunden festzulegen. Dabei wäre auch mit geringen Krankmeldungen zu rechnen, das Burn-out-Syndrom würde nur noch äußerst selten auftreten. Eine Arbeitszeit von nur vier Stunden am Tag würde dem Einzelnen auch mehr Zeit lassen für den eigenen Haushalt und die Kinder, ein Plus für die gesamte Gesellschaft. Was aber bedeutet das finanziell für den einzelnen Bürger? Erhält eine Büroangestellte dann statt der 2400 Euro netto nur noch 1200 Euro netto,[25] so könnte das durch den zusätzlichen Bezug von Grundgehaltsleistungen abgefedert werden. Wenn das Einkommen allgemein sinkt, stellt sich auch die Frage nach der Zukunft der Einkommenssteuer! Eine Möglichkeit wäre, das Einkommen insgesamt von der Steuer zu befreien. Eine andere Möglichkeit wäre die Splittung, also das Einkommen grundsätzlich in den Lohn für die Arbeitsleistung und den Gewinn aus der Arbeitsleistung aufzuteilen, zu splitten. Wird die Arbeitsleistung grundsätzlich steuerfrei, so kann der Gewinn dann auch höher besteuert werden als bisher. Aus volkswirtschaftlicher Sicht heraus ist es besser, die Arbeit nicht zu besteuern und damit die arbeitende Bevölkerung für ihre Arbeitsleistung nicht zu bestrafen, wie das bis jetzt noch der Fall ist. Nur der Gewinn, der nicht direkt der Arbeitsleistung zuzuschreiben ist, gehört zu einem angemessenen Anteil dem Staat. Der Gewinn wird nun dem Unternehmen zugeschrieben, in dem das Kaufobjekt hergestellt wird. Das ist prinzipiell richtig, doch führt dies leider dazu, den Firmensitz genau dorthin zu verlegen, wo die Steuer am geringsten ist oder wo am besten gar keine Steuer erhoben wird. Genau das darf aber nicht sein. Genau genommen entsteht der Gewinn tatsächlich nicht wie derzeit angenommen am Firmensitz, sondern dort und nur dort, wo die Ware ihren Besitzer wechselt. Der Gewinn entsteht demnach nicht dort, wo die Ware produziert wird, jedenfalls nicht der Hauptanteil des Gewinns, sondern dort, wo die Ware verkauft wird. Eine Gewinnsteuer kann deshalb auch nur dort erhoben werden, wo die Ware verkauft wird. In der Folge ist die Arbeit selbst grundsätzlich von der Steuer zu befreien. Zu unterscheiden ist deshalb zwischen dem Marktpreis, der den Gewinn bestimmt, und dem Preis für die Arbeitsleistung, der nicht als Gewinn zu betrachten ist. Der Arbeitslohn darf nicht besteuert werden, das Einkommen nur hinsichtlich des Anteils, der als Gewinn zu betrachten ist. Generell sollte Humankapital nicht durch Steuern im Wert vermindert werden. Andererseits sind Boni und andere Gratifikationen im privaten Erlös ebenso wie im Erlös des Unternehmers kein Entgelt für die reine Arbeitsleistung, sondern als eine Beteiligung am Gewinn aufzufassen. Wie hoch bei einem Angestellten bei seinem Einkommen der Anteil am Gewinn ist, ist nicht ganz so einfach herauszuarbeiten und wohl kaum ohne entsprechende Auseinandersetzungen umsetzbar. Andererseits ist wohl jedem klar, dass eine Einnahme von mehreren Millionen im Monat kaum nur eine Entlohnung für geleistete Arbeit sein kann. Was aber ist dann die gerechte Entlohnung für einen Vollzeitjob? Ein erster Ansatz auf der Suche nach einer gerechten Entlohnung könnte der Vergleich mit Staatsangestellten sein. Geht man davon aus, dass der Lehrer aufgrund seiner längeren Ausbildungszeit auch Anspruch auf eine höhere Entlohnung hat als die Büroangestellte nach einer dreijährigen Lehre und diese gerechterweise einen höheren Anspruch als der ungelernte Arbeiter, so lässt sich anhand der tatsächlichen Bezahlung eine vorläufige Gruppierung und Einordnung vornehmen. Wer mehr als der Durchschnitt der Angestellten ohne Abschluss verdient, dem ist definitiv alles, was den Durchschnitt übersteigt, als Gewinn anzurechnen. Um die Lücke zwischen Arm und Reich nicht immer größer werden zu lassen, kann auch eine entsprechend hohe Gewinnsteuer zur Problemlösung beitragen, wenn dafür die Einkommenssteuer komplett wegfällt. Dass diese Lücke im Einkommen in den letzten Jahrzehnten immer größer geworden ist, dafür spricht einiges. Nicht nur Piketty spricht dieses Thema an, auch die Veränderung im Gini-Index weist eindeutig darauf hin, dass diese Lücke immer größer wird.[26] Deshalb spricht vieles dafür, nach einem Ausgleich zu suchen. Bei einer Reichensteuer, die auch von Piketty in die Diskussion eingebracht wird und vor allem von links ausgerichteten Politikern immer wieder vorgeschlagen wird, muss leider mit einigen negativen Folgen gerechnet werden. Eine Folge einer hohen Besteuerung der Reichen über die Einkommenssteuer ist schon jetzt zu beobachten, man ändert einfach seinen Wohnsitz, geht in einen anderen Steuerbereich, in dem die Steuern niedriger sind. Anders sieht es aus, wenn nicht das Einkommen versteuert wird, sondern der Gewinn, und zwar genau dort, wo der Gewinn auch erzielt wird. Wird eine Ware oder eine Dienstleistung in Deutschland verkauft, so wird die Steuer bis jetzt mitunter in Irland oder in den USA anfallen, wenn der Sitz der Gesellschaft sich dort befindet. Anders sieht es aus, wenn der in Köln verkaufte, aber in den USA hergestellte Computer wegen des Verkaufserlöses in Köln beim Kölner Finanzamt zu versteuern ist, die Gewinnsteuer somit in Deutschland erhoben wird. Festzustellen ist hierbei, dass es sich nicht um einen Etikettentausch handelt, etwa Gewinnsteuer im Tausch gegen Einkommenssteuer. Sinnvoll wäre es, neben der Einkommenssteuer auch die Umsatzsteuer wegfallen zu lassen und somit beide durch die Gewinnsteuer zu ersetzen, insbesondere auch um die Höhe der neuen Gewinnsteuer zu rechtfertigen. Geht man von einem Fernseher aus, der vor Steuern 500 Euro kostet, so wird er mit der Umsatzsteuer belastet gleich ca. 20 % mehr kosten und bei einer Aufrechnung von ca. 30 % bei der Einkommenssteuer dann 50 % mehr kosten als das, was bei dem Verkäufer netto in der Kasse verbleibt. Insofern würde eine 50%ige Gewinnsteuer generell keine Veränderung im Steueraufkommen bewirken. Damit würde sich allerdings die beklagte Lücke im Einkommen nicht automatisch schließen. Erst wenn wir die Gewinne bei den privaten Erlösen und Einkommen mit einbeziehen in die Gewinnbetrachtung, erst dann sind grundlegende Veränderungen zu erwarten. Mit der Gewinnsteuer vor Ort schützt man den lokalen Handel, mit der Gewinnsteuer auf Einkommen, die den Wert der Arbeitsleistung übersteigt, schließt man hingegen eine Lücke, wie dies ebenso mit der Reichensteuer möglich wäre. Der Vorteil einer Gewinnsteuer besteht vor allem darin, dass die Gewinnsteuer in dem hier vorgetragenen Ansatz dort zu erheben ist, wo die Gewinne entstehen. Wer in Frankreich arbeitet, sollte demnach den Gewinn aus seinem Einkommen auch dort in Frankreich steuerlich belastet bekommen. Wichtig wird diese Art der Besteuerung besonders dann, wenn jeder Bürger ein Grundeinkommen erhält, denn schließlich muss dieses Grundeinkommen über die Steuern wieder hereingeholt werden – durch Steuern auf das, was die Bürger in diesem Land, in dem sie leben, ausgeben und als zu versteuernden Gewinn erwirtschaftet haben. Das Grundgehalt muss deshalb gebunden sein an die Staatsbürgerschaft und den Wohnsitz. Der Kreislauf zwischen Grundeinkommen und Steuern auf Waren und Dienstleistungen schließt sich dann nicht, wenn die im Inland erhaltenen Gelder aus einem Grundgehalt regelmäßig im Ausland ausgegeben werden. Um dies zu verhindern, ist der Erhalt eines Grundeinkommens an einen Wohnsitz im Bereich der Steuerhoheit zu binden, in dem das Grundgehalt ausgezahlt wird, hieße zum Beispiel: ohne Wohnsitz in Deutschland auch kein

Grundgehalt von deutschen Behörden. Das Grundgehalt kann auch insofern angepasst werden, als Rentenzahlungen bei Renten auf eine Arbeitstätigkeit mit mehr als 30 Wochenstunden zur Hälfte mit dem Grundgehalt verrechnet werden. Wer eine Rente aus einer Beschäftigung mit über 30 Wochenstunden erhält, sollte demnach bei einer Rente von 3000 Euro 1500 Euro angerechnet bekommen und erhält damit kein Grundgehalt. Ein Rentner mit einer Rente von 1000 Euro hingegen erhält 500 Euro Grundgehalt und hat damit 1500 Euro monatlich zur Verfügung. Wer 1800 Euro eigene Rente hat, kann dann noch 100 Euro aus dem Grundeinkommen dazu bekommen. Bei 1900 Euro Rente sind dann noch 50 Euro zusätzlich drin und ab 2000 Euro gibt es keine Auszahlung mehr. Erhält ein Bürger hingegen eine Rente aus einer Arbeit mit durchschnittlich nur 16 Stunden und weniger, so sollte diese Rente in der Regel nicht verrechnet werden. Das heißt in der Zukunft mit der vollen Arbeitszeit von 16 Stunden, dass die Rente dann nicht mehr mit dem Grundgehalt verrechnet wird, sofern diese als Vollarbeitszeit geltende Arbeitszeit nicht überschritten wird. Damit haben wir jedoch noch nicht konkret den Vorschlag auf dem Tisch, wie denn die Einkommen nach Wegfall der Einkommenssteuer darauf zu überprüfen sind, ob darin Gewinne enthalten sind und inwieweit diese steuerlich relevant sind.

Bei einem Einkommen von 3000 Euro aus einer Arbeit als Angestellter ergibt sich das gesamte Einkommen zu diesen 3000 Euro plus den 1500 Euro aus dem Grundeinkommen rein rechnerisch zu einem steuerlich relevanten Einkommen von 4500 Euro. Werden 1000 Euro als steuerbefreit für die Grundbedürfnisse abgerechnet und noch 1000 Euro an berufsbedingten Ausgaben, dann verbleibt ein Betrag von 2500 Euro als zu versteuernder Gewinn, von dem dann 50 % als Gewinnsteuer ans Finanzamt abzuführen sind, also 1250 Euro im Monat. In diesem Fall wären nach altem Steuerrecht 750 Euro an Steuern zu zahlen.[27] Im Jahr also 9000 Euro und damit etwas mehr als nach Gewinnsteuer, denn da wären es dann jährlich 5880 Euro. Zusätzlich fällt keine Mehrwertsteuer mehr an und für niedrigere Einkommen ist die Rechnung sogar noch erheblich günstiger. Werden zusätzlich zum Grundgehalt 2000 Euro im Monat als Arbeitslohn eingenommen, kann die Steuerlast sogar ganz wegfallen, wenn 2000 Euro als notwendig für die Lebensführung akzeptiert werden. Nach altem Steuerrecht ist nach der Tabelle für 2019 mit ca. 1000 Euro an Steuern zu rechnen. Der Hauptvorteil einer auf allen Ebenen durchgeführten Gewinnsteuer besteht vor allem in der Einheitlichkeit und der einfachen Berechnung für jeden Bürger, Steuertabellen sind nicht mehr nötig. In einer Demokratie halte ich es für eine legitime Forderung, dass jeder Bürger seine Steuerschuld relativ einfach und schnell selbst berechnen kann.

15. Kapital und Erlös

Wer als Kapitaleigner vom Erlös lebt, den das Kapital einbringt, lebt genau genommen von einer historischen Arbeitsleistung, in der Regel der der Vorfahren, der anderen. Dabei sind zwei Blickrichtungen zu beachten. Zum einen zurückgewandt mit dem Augenmerk auf die Entstehungsgeschichte des eingesetzten Kapitals und zum anderen auf die Zukunft gerichtet auf den Erlös, den ein Kapital einbringen kann. In der Vergangenheit muss Kapital prinzipiell aus Arbeitsleistung durch Akkumulation entstanden sein. Das so angesammelte Vermögen wurde mitunter per Erbe schon über mehrere Generationen weitergegeben. Neben reinen Arbeitserlösen stecken da vor allem Gewinnmitnahmen drin. Beim Erlös kann es schwierig sein, zwischen dem Erlös aus Gewinnen und dem aus hartem Arbeitseinsatz zu unterscheiden. Ein pragmatischer Ansatz ist beim Kapitalerlös einmal bei dem Erlös aus Verkäufen und zum anderen bei dem aus laufenden Erträgen zu suchen. Beim Verkauf können Gewinne, aber auch Verluste entstehen. Bringt der Verkauf mehr Geld ein als ursprünglich eingesetzt wurde, dann ist ein Gewinn entstanden, konnte man weniger herausholen, ist ein Verlust entstanden. Werden in einem Jahr positive Erträge vom Kapital erwirtschaftet, betrachtet man dies auch als Gewinn. Dieser ist aber anders zu bewerten als der Gewinn aus einem Verkauf. Die positiven Erträge im Laufe eines Jahres sind als das Gehalt des Unternehmers aufzufassen und deshalb steuerlich ebenso zu behandeln wie die Gehälter der Angestellten. Ist der Erlös in einem Jahr negativ, so ist dies ein Vermögensverlust. Der Gewinn aus einem Verkauf von Geschäftsanteilen ebenso wie der Verkauf von Aktien hingegen ist als außerordentlicher Gewinn bzw. außerordentlicher Verlust einzustufen. Da außerordentliche Gewinne zusätzlich zum ordentlichen Einkommen entstehen, sind diese auch anders zu behandeln. Beim Verkauf entsteht der Gewinn aus der Differenz von dem beim

Erwerb bezahlten Preis und dem beim Verkauf erzielten Preis. Abnutzung und zwischenzeitliche Investitionen sind selbstverständlich mit zu berücksichtigen, soweit diese entstanden sind, ebenso die entstandenen allgemeinen Vermögensverluste.[28] Ein Aktionär erzielt demnach beim Verkauf der Aktien einen außerordentlichen Gewinn oder Verlust, erhält aus den Dividenden hingegen gehaltsähnliche Einnahmen. Beim Verkauf einer Aktie sind zur Gewinnermittlung die Kosten beim Aktienkauf und beim Verkauf einschließlich dem beim Kauf gültigen Kurs vom Verkaufspreis abzuziehen. Nur wer gewerbsmäßig Wertpapiere kauft und verkauft, sollte die für Geschäftsleute übliche Abrechnung durchführen dürfen. Dazu muss es aber eine Lizenz geben, die nur ausgewiesenen Finanzmaklern zu erteilen ist. Der private Anleger wird dann eher auf einen Finanzmakler zugehen, als das derzeit der Fall ist, vor allem wenn mit der Lizenzvergabe auch eine gewisse Kontrolle der Finanzmakler garantiert wird. Im Finanzmarkt gibt es neben den einfachen soliden privaten Anlegern auch die soliden institutionellen Anleger und die Spekulanten. Die Preise können wie bei jedem Markt weit über das vernünftige Ziel hinausschießen, aber auch unter dem wahren Wert verbleiben. Der Wert einer Beteiligung wird normalerweise nur mit dem Marktwert ausgewiesen, da der wahre Wert den Beteiligten in der Regel nicht bekannt ist. Tatsächlich muss es dennoch einen Wert geben, hier als wahrer Wert deklariert, der sich aus der Summe der tangiblen und der Summe der intangiblen Werte einer Firma zusammensetzt,[1] und damit durch die Addition der Teilwerte (Aktien) den wahren Wert einer Aktie ergeben könnte. Die Gegenüberstellung von wahrem Wert und Marktwert ist wichtig, will man exakt

---

1 Tangible Werte sind diejenigen Werte, die man anfassen und sehen kann, wie z. B. ein Auto oder ein Gebäude, intangible Werte sind hingegen diejenigen Werte, die sich nicht anfassen lassen, da mehr geistiger Natur, wie z. B. Programme, Organisationsstrukturen und das Wissen der Mitarbeiter.

die Spekulationsgewinne ermitteln. Das, was auch in anderen Märkten nachzuweisen ist, lässt sich am Aktienmarkt besonders deutlich herausarbeiten: die Spekulation auf einen Gewinn, möglichst ohne einen als wesentlich zu bezeichnenden Arbeitsaufwand. Genauer betrachtet ist aber diese eingesparte Arbeit nicht tatsächlich eingespart, sondern eine Arbeit, die auf andere Personen verlagert wird. Hier spielt der Wunsch mit, doch möglichst andere für sich arbeiten zu lassen. Am Aktienmarkt spürt man diese Gier nach Geld und Profiten zu Lasten anderer, der Verlierer, sehr deutlich. Skrupel, den Mitspieler hereinzulegen, gibt es kaum, solange alles noch legal verläuft; ähnlich muss es sich in den Sklavengesellschaften verhalten haben, der legale Kauf eines Sklaven vertuschte die Skrupel und an Menschlichkeit dachten dabei dann nur noch wenige.

Für viele ist die Finanzbranche jedoch keine Spielwiese, sondern bedeutet harte Arbeit. Schade nur, dass in der Finanzbranche viele kluge Köpfe einen Arbeitsplatz ergattern, der aus volkswirtschaftlicher Sicht eigentlich überflüssig ist. Die Idee, selbst an den Verlusten zu verdienen, scheint auf den ersten Blick sowieso schon verrückt, kann aber vor dem Hintergrund einer Strategie zur Absicherung von Verlusten halbwegs einen Sinn bekommen. Als Wette ergibt dies für den Spekulanten in jedem Fall einen Sinn. Streiten kann man sich darüber, ob es sinnvoll ist, derartige Wetten in entsprechende Wertpapiere zu befördern. Warum sollte man dann nicht auch auf den Kursverfall einer Aktie wetten? Sowohl Wetten auf steigende wie auch Wetten auf fallende Aktien sind schließlich nicht sehr viel anders als die Wette im Lotto, könnte man meinen. Dennoch sind sie anders, zumal beim Anleger der Eindruck von festverzinslichen Papieren entstehen kann, Beispiel Zertifikate. Man kann schon den Eindruck bekommen, dass hier mit viel Gedankenschmalz Finanzkonstrukte entwickelt werden, letztlich um den Kunden zu überlisten. Der Kauf der Basiswerte ist zwar teurer, beinhaltet in der Regel aber Werte, auf die man im Krisenfall zurückgreifen kann. Selbst die vier Riesen in der Technologiebranche

Amerikas investieren neuerdings wieder mehr in den Liebling der Banken, in Immobilien. Apple und Amazon investieren derzeit in riesige Verwaltungsgebäude. Derartige Investitionen binden einen Teil des ansonsten nutzlos herumliegenden Kapitals und können durch die Konzentration der an einen Ort gebundenen Fachkräfte Innovationen beflügeln sowie die Arbeitsabläufe konzentrierter und effizienter gestalten. Damit kann gezeigt werden, dass auch Aktien mit einem Wert, der weitestgehend im intangiblen Bereich liegt, wieder mit tangiblen Werten hinterlegt werden, weil auch diese Geschäfte nicht nur in der Luft arbeiten, zudem auch das eingenommene Geld besser in Sachwerten angelegt ist, als auf einem Konto dahinzudämmern. Dies mag auch mit ein Grund sein, weshalb Apple mit seinem überflüssigen Kapital in den Markt der selbstfahrenden Autos einsteigen will bzw. schon eingestiegen ist, jedenfalls was die Forschungsaktivitäten betrifft. Diese Informationen und vieles mehr sind zu sammeln, um ein vollständiges Bild von einer Aktiengesellschaft zu erhalten, um den Marktwert mit den wahren Werten vergleichen zu können und zudem auch die zukünftige Entwicklung einschätzen zu können. Fondsmanager sollten diese Qualitäten mitbringen, aber auch die vielen Bankberater und professionellen Trader. Wie man sieht, sind allein die Basiswerte schon nicht so leicht in ihrem Wert und der Wertentwicklung richtig einzuschätzen, da bringen die verschiedenen Derivate noch mehr Wirrwarr in das Geschäft mit Wertpapieren. So ist es einerseits verständlich, dass die Besten ihres Jahrgangs in die Finanzbranche gehen, sicherlich auch viele, die nur das große Geld wittern, ohne den passenden kognitiven Horizont mitzubringen. Wenn wir jetzt noch diejenigen mit dazunehmen, die für ihre Firma nur an Konzepten arbeiten, mit denen sie Geld am Finanzamt vorbeischmuggeln können, dann ergeben sich daraus Heerscharen von Menschen, die eben nicht wirklich produktiv für ein Wachstum in der Volkswirtschaft aktiv sind. Die dabei eingesetzten kognitiven Aktivitäten könnten sicherlich besser zum Nutzen der Gesellschaft eingesetzt werden. Derartige Praktiken sollten in einer Gesellschaft im

Überfluss zwar auch nicht mehr so attraktiv wie heutzutage sein, die Gier nach immer mehr Geld ist damit dennoch nicht ausgerottet, eine Gier, die selbst vor dem Angriff auf das Humankapital nicht zurückschreckt.

16. Schutz des Humankapitals

Humankapital ist sehr verletzlich, durch Krankheit und Tod kann es sehr schnell und sogar unerwartet zu seiner Vernichtung kommen. Auch der Verlust des Arbeitsplatzes, weil die Firma in Konkurs geht, ist zu beachten bei den Unwägbarkeiten, die auf lange Sicht nur schwer für den Einzelnen kalkulierbar sind. Der einzelne Konkurs wirkt sich in der Regel nur begrenzt aus, Arbeitskräfte werden freigesetzt, stehen dem Markt aber grundsätzlich noch zur Verfügung. Pandemien hingegen können Tausende bis Millionen von Arbeitskräften vom Markt fegen, die anschließend nicht mehr zur Verfügung stehen und so auch völlig andere Bedingungen in einer Volkswirtschaft schaffen.[29] Deshalb ist es nicht nur eine moralische Frage, die Frage nach der Gesundheit der Bürger und ob sie auch gesund alt werden oder nicht. Aus moralischer Sicht ist es keine Frage, dass der Mensch wichtiger ist als das Finanzkapital. In der Politik scheint es vielfach jedoch anders zu laufen; um Geld zu sparen, werden auch Menschenleben geopfert.[30] Dass moralische und ethische Aspekte auch wirtschaftliche Folgen nach sich ziehen, das könnte den Horizont von Politikern und vielleicht auch Ökonomen durchaus positiv erweitern. Es kann doch nicht sein, dass wir mit einem sehr hohen Aufwand in unser Bildungssystem dafür sorgen, die zukünftigen Bürger immer besser für ein Leben im digitalen Zeitalter auszurüsten, und anschließend nicht alles dafür tun, dass sie möglichst bis ins hohe Alter gesund bleiben und so auch mit ihrem Wissen, ihren Erfahrungen an einer besseren Welt möglichst lange mitarbeiten können. Nun kann man einwenden, dass Kriminelle und arbeitsscheue Mitglieder in unserer Gesellschaft diese nicht voranbringen, sondern im Gegenteil eher bremsend und zerstörend einwirken, und sie deshalb keinen Anspruch auf eine Fürsorge durch den Staat haben sollten. Gewiss müssen negative Aktivitäten verhindert und eingegrenzt werden, sie müssen vor allem auch rechtzeitig erkannt werden, um gegensteuern zu können.

Das mit vielen Mühen aufgebaute Humankapital ist nun nicht nur gegen negative Einflüsse zu bewahren und zu beschützen, es ist auch wichtig, immer wieder Hilfen anzubieten, um die richtige Richtung einer humanen und nachhaltigen Lebensweise einschlagen zu können.

Hetzpropaganda und falsche Informationen können verheerender sein als die durchaus nicht zu akzeptierende, oder gar zu verherrlichende Tat des Taschendiebs. Falsche Informationen zu verteilen, Mobbing und Hetze im Internet sind in vielen Fällen total zerstörerisch, werden aber nur sehr milde geahndet. Ebenso ist der Raser in der Stadt, der dies als Kräftemessen unter Jugendlichen unternommen hat, ohne dabei Rücksicht auf das Leben anderer zu nehmen, ein Angriff auf die Menschlichkeit, der nicht wie ein Kavaliersdelikt zu ahnden ist.

Das Gesundheitswesen ist hoffentlich durch die aktuelle Pandemie auch langfristig mit einem höheren Stellenwert einzustufen; ebenso ist an Reserven für zukünftige Pandemien zu denken. Helfen könnte hier auch die allgemeine Verringerung der wöchentlichen Arbeitszeit und ein flexiblerer Umgang mit der Arbeitszeit generell. Bei nur 16 Stunden einer normalen Arbeitszeit wäre es in Notsituationen einfacher, mit zusätzlichen Arbeitsstunden den erhöhten Bedarf abzudecken. Wir können nicht plötzlich Arbeitskräfte aus dem Boden stampfen, die dafür nicht ausgebildet sind, in einer kurzen Zeitspanne nicht eine ansonsten jahrelange Ausbildung auf die Schnelle nachholen.

Wir benötigen zum Schutz des Humankapitals unbedingt auch in anderen Bereichen Reserven, die bei Bedarf kurzfristig zu mobilisieren sind. Es kann auch nicht angehen, das Humankapital in bestimmten Bereichen nicht entsprechend richtig zu bewerten. Auch Lehrer kann man nicht plötzlich mit massiven Überstunden belasten und ebenso wenig kann man jeden, der sich berufen fühlt, bei Bedarf zum Lehrer machen, indem man kurzfristig Schnellkurse einführt oder diese sogar weglässt, da die angesprochenen Bürger ja die Befähigungen aus anderen Berufen schon mitbringen. Ebenso wenig könnte man kurzfristig die Posten bei der Stadtverwaltung mit Personen ohne vorherige Ausbildung im Verwaltungsrecht in Schnellkursen auf ihre Tätigkeit vorbereiten. Damit soll nicht ausgeschlossen werden, im besonderen Fall auch Quereinsteiger einzustellen, man sollte diese Möglichkeit aber nicht als normal ansehen, weil an die Bildung von Reserven erst gar nicht gedacht wird. Würde man zum Beispiel die Arbeitszeit von Lehrern halbieren, könnte man doppelt so viele Lehrer beschäftigen, die dann kurzfristig auch mal mehr Stunden übernehmen könnten.

Ein weiteres Problem im Hinblick auf den Erhalt des Humankapitals ist die Obdachlosigkeit. Diese kann sogar als eine Missachtung des Grundgesetzes betrachtet werden, da Obdachlosigkeit in den reichen Industrieländern klar eine Missachtung der Menschenwürde darstellt. Es muss möglich sein, jedem Obdachlosen eine Unterkunft zur Verfügung zu stellen. Der Versuch, dies über den normalen Wohnungsmarkt zu organisieren, scheint allerdings nicht in jedem Fall die beste Möglichkeit zu sein, besser ist es, wenn dafür gesonderte Unterkünfte bereitgestellt werden. Ein grundsätzliches Problem ergibt sich allerdings, wenn Unterkünfte kostenlos bereitgestellt werden, ob als Wohnung oder in Gemeinschaftsunterkünften, die Kosten sind in jedem Fall in Rechnung zu stellen.

Ebenso grenzt es schon an eine Missachtung der Menschenwürde, wenn Bürger, die keine Arbeit haben, aus der Krankenkasse geworfen werden, weil zurückliegende Beiträge nicht bezahlt wurden. Jeder Bürger muss krankenversichert sein, notfalls über die Sozialkasse. Besser wäre die Pflichtversicherung automatisch von der Grundversicherung einzubehalten, was erst mit der Anmeldung bei einer anderen Krankenkasse abzuwehren ist. Wenn ein Grundgehalt als Bürgergehalt gezahlt würde, könnte davon auch die von der Gemeinde dem Obdachlosen zur Verfügung gestellte Unterkunft kostenmäßig abgerechnet werden.

Ein an alle Bürger ausgezahltes Grundgehalt kann auch dafür herangezogen werden, notwendige Versicherungen zum Schutz des Versicherten und der anderen Bürger zu bezahlen, wie auch den Rundfunkbeitrag und die Kosten für ein Bankkonto, auf das auch dieses Grundgehalt zu überweisen ist. Diese Zwangsüberweisungen sollten alle aufgehoben werden, wenn die entsprechenden Grundbedürfnisse ohne eine erzwungene Überweisung gesichert sind. Ist die Beschaffung der Grundnahrungsmittel nicht gesichert, weil das dafür bereitgestellte Geld im Rahmen des Grundeinkommens für andere Zwecke wie Drogen und Alkohol eingesetzt wird, dann kann auch dies in Naturalien bereitgestellt werden, also eingekauft und die Kosten vom Grundeinkommen abgezogen werden. So lassen sich sicherlich einige, wenn auch nicht alle der Obdachlosen wieder in ein normales Leben in der Gesellschaft eingliedern. Das Grundeinkommen muss in der Höhe so angepasst sein, dass all diese Leistungen, die notwendig sind, um ein menschenwürdiges Leben führen zu können, auch abgerechnet werden können.

Da die Lebenshaltungskosten, aber auch die Mieten sehr unterschiedlich sein können, bereits innerhalb eines Bundeslandes, oder abhängig davon, ob in der Stadt oder im Dorf, kann man für die Berechnung des Grundgehaltes durchaus an unterschiedliche Sätze denken, und zwar je nach Wohnlage. Unterschiede ergeben sich auch aus einem unterschiedlichen Bedürfnis an Mobilität heraus. Derartige Unterschiede können steuerlich ausgeglichen werden, aber auch durch staatlich angepasste Leistungen an den Einzelnen oder an alle Bürger; Leistungen, die aus Steuergeldern zu begleichen sind. Ein besonderes Problem ist hier die Möglichkeit, den öffentlichen Nahverkehr nutzen zu können. Kostendeckende Beiträge für eine Monatskarte kann ein Arbeitsloser kaum aufbringen. Die preisreduzierte

Karte geht da schon in die richtige Richtung, vergisst aber, dass so der besser betuchte Bürger mit einer erheblich teureren Monatskarte kaum dazu zu bewegen ist, vom Auto auf den Bus umzusteigen. Erst wenn der Bus für alle kostenlos ist, besteht eine realistische Hoffnung, auch passionierte Autofahrer dazu zu bewegen, doch wenigstens zeitweise auch mal den Bus zu benutzen. Um die Kontrolle nicht ganz aus der Hand zu geben, kann man Jahreskarten ausgeben, für die lediglich die Verwaltungskosten auf den Bürger zu übertragen sind.

Für Touristen und andere Leute, die nur kurzfristig ein Ticket benötigen, wäre es praktikabel, mit Tageskarten zu arbeiten, die in einem größeren Tarifbereich, zum Beispiel einer Stadt, mit nur glatt 5 Euro berechnet werden, egal, wie lang die Strecke ist. Wird der reine Busbetrieb aus den Steuern bezahlt, so ist dies wahrscheinlich nicht einmal viel teurer als die derzeitige Kostendeckung über Fahrkarten und Steuergelder im Mix.

Steuern auf den Gewinn vor Ort können auch mithelfen, die Gelder hereinzubekommen, die notwendig sind, um auch das zurzeit nicht benötigte Humankapital nicht veröden zu lassen, sondern für staatliche Aufgaben sinnvoll einsetzen zu können. Humankapital darf nicht vergeudet werden. Jeder, der eine Arbeit sucht, muss auch eine Arbeit angeboten bekommen, auch wenn diese nicht exakt dem Profil entspricht, das der Arbeitslose mitbringt, vorhandene Fähigkeiten sollten dabei allerdings möglichst genutzt werden.

Jedem, der ein Grundeinkommen erhält, ist auch eine Wohnung zuzuweisen, insoweit noch kein fester Wohnsitz vorliegt. Die Stadt könnte für Obdachlose gesonderte Häuser mit kleinen Einzimmerwohnungen bereitstellen. Kostenmäßig sollten diese Wohnungen mit Mieten zwischen 350 und 400 Euro zu erhalten sein. Wer keine Wohnung hat, wird dann in eine Wohnung einquartiert, sodass auch für das Bankkonto und die Versicherungen eine Wohnanschrift vorliegt. Miete, Versicherungskosten und Telefonkosten sind standardmäßig vom Grundgehalt abzuziehen.[31]

Jeder sollte bis zu zwei Arbeitsangebote im Jahr erhalten und für zwei Wochen eine nicht bezahlte Arbeit für die Stadt annehmen. Auch wenn einige ihr Humankapital nicht oder nur unzulänglich nutzen, es ist in jedem Fall schützenswert.

Wer vom Gericht für eine kriminelle Handlung rechtskräftig verurteilt wurde, der kann den Schutz seines Humankapitals nur dann verlieren, wenn ihm die Bürgerrechte aberkannt werden, was als letzte juristische Maßnahme durchaus sinnvoll sein kann. Grundsätzlich sollte auch jeder ein Recht auf eine Beratung und Hilfe haben, um im Arbeitsmarkt seine Position zu finden, auch der, der nicht Bürger in dem Land ist, in dem er eine Arbeit sucht.

Der Arbeitsmarkt ist deshalb auch nicht mit dem Warenmarkt und dem Kapitalmarkt vergleichbar. Zugegebenermaßen, es gibt vergleichbare Abläufe, Menschen werden aber nicht auf Bedarf hin produziert, sie entstehen aus menschlichen Beziehungen heraus, begleitet von Gefühlen der Liebe, aber auch getrieben durch egoistische, nur der Lust geschuldete Antriebe. In der menschlichen Gesellschaft sollten eigentlich alle füreinander da sein, gemeinsam das Leben genießen und helfen, wenn Hilfe notwendig ist. Daraus ergibt sich eine soziale Verpflichtung durch den Staat, er muss den Arbeitsmarkt kontrollieren und fördern, um allen zu einer passenden Arbeitsstelle zu verhelfen, notfalls in staatlichen Diensten!

Im Gegensatz zum Arbeitsmarkt ist der Kapitalmarkt vor allem zu kontrollieren und zu regulieren, damit das Finanzkapital nicht über das Humankapital die Oberhand gewinnt. Es muss das Ziel sein, jeden Bürger durch den Erhalt eines Arbeitsplatzes in der Gesellschaft eine Teilhabe zu verschaffen. Genauso muss jeder Bürger auch im Alter gesichert sein, seine Altersvorsorge ist ebenso wie die Versorgung im Krankheitsfall abzusichern.

Wegen der längeren Lebenszeit der Menschen, wir werden alle älter, ist mehr fürs Alter anzusparen als in früheren Zeiten, hinzu kommt noch, dass aufgrund langer Ausbildungszeiten die aktuell im Arbeitsprozess verbleibende Zeit kürzer ist, als dies heutzutage die Rentenversicherungen einplanen. Den Renteneinstieg zu verschieben, ergibt rein rechnerisch schon einen Sinn, nicht unbedingt auf gesellschaftlicher Ebene. Will man den Rentenbeginn auf 70 festlegen, so könnte dies sinnvoll sein, wenn ab 60 die aktiven Arbeitszeiten entsprechend verkürzt werden.

Um alle Bürger im Alter hinreichend versorgt zu wissen, kann man das Grundgehalt, wenn es eingeführt wird, bis zum Lebensende auszahlen und mit einer durch Arbeit erworbenen Zusatzrente für einen Lebensabend in dem erwünschten Wohlstand sorgen.

17. Macht des Humankapitals

Die Macht des Finanzkapitals muss kaum erklärt werden, sie ist allgegenwärtig zu spüren. Humankapital hingegen erscheint machtlos, denn was kann man schon mit seinem Humankapital bewirken, außer durch die Beteiligung an einem Streik die Verhandlungen mit den Arbeitgebern zu beschleunigen? Um die Macht des Humankapitals zu begreifen, ist es notwendig, zuerst bisherige Aussagen zu diesem Begriff zusammenfassend noch einmal näher zu analysieren.

Humankapital wird vielfach als Gegenbegriff zum Finanzkapital gebraucht. Beim Finanzkapital ist es klar, es handelt sich um die Akkumulation von Finanzen oder finanziellen Mitteln. Beim Humankapital handelt es sich zwar auch um eine Art von Akkumulation, und zwar von bereitstehenden Mitteln, diese sind aber nicht direkt sichtbar und nur indirekt erfassbar. Human ist aber kein Gegenbegriff zu finanziell. Was hier gegenübergestellt wird, das sind einerseits die Arbeitsleistungen der Vergangenheit, die sich in Geld und geldwertem Vermögen, dem Finanzkapital, niederschlagen, und andererseits die Arbeitsleistungen in der nahen und fernen Zukunft, die sich im Humankapital niederschlagen. Das Humankapital bezieht sich auf die Arbeitsleistung jetzt und morgen von Menschen, die sich mit ihren Möglichkeiten in den Arbeitsprozess einbringen oder auch einbringen wollen. Beim Finanzkapital handelt es sich um Schuldscheine für bereits erbrachte Arbeitsleistung, die eingesetzt werden können, um hier und heute eine Arbeitsleistung damit bezahlen zu können. Das Finanzkapital ist ohne die Menschen, die bereit sind, diese Art von Schuldscheinen zu akzeptieren, leider nicht viel mehr wert, wie das Papier der Banknote, auf dem ein Wert aufgedruckt ist.

Humankapital kann hingegen auch dann noch Wachstum und Wirtschaft befördern, wenn Geld entwertet oder abgeschafft wird. Geld kann allein gar nichts bewirken, wenn absolut kein Humankapital bereitsteht, um die notwendigen Arbeiten zu übernehmen. Durch eine Überschuldung kann das Humankapital allerdings seine natürliche Macht an das Finanzkapital abgeben. Damit dies nicht geschieht, nicht geschehen kann, muss die Überschuldung durch gesetzliche Regelungen unterbunden werden. Da drängt sich die Frage auf, wo die Grenzen der Verschuldung zu sehen sind. Vernünftig scheint eine Regelung auf dem 50-Prozent-Niveau zu sein. Wer demnach 50.000 Arbeitsstunden anbieten kann, darf danach nur 25.000 Arbeitsstunden für die Aufnahme von Schulden hinterlegen. Mit einer derartigen Schuldenbremse kann das Humankapital vor der Gefahr der Versklavung geschützt werden.

Notwendig ist eine Schuldenbremse, denn ohne sie würde sehr schnell das Finanzkapital eine Vormacht über das Humankapital erhalten, die ihr keinesfalls zusteht. Geld allein kann keine Produkte hervorbringen, Arbeit hingegen schon. Daraus lässt sich das Primat der Arbeit und des darauf aufbauenden Humankapitals ableiten.

In der Zukunft wird es wohl noch wichtiger sein, auf das Humankapital zu setzen, weil es immer schwieriger werden wird, die notwendigen Fachkräfte rekrutieren zu können. Wenn staatliche Schulen und Hochschulen nicht mehr in der Lage sind, die Industrie und Wirtschaft mit gut ausgebildeten Mitarbeitern zu versorgen, dann schlägt die Stunde der privaten Bildungseinrichtungen. Damit wird aber die Schere zwischen Arm und Reich ohne flankierende Maßnahmen weiter auseinanderklaffen. Für die Kommune und den Staat würde dies andererseits eine finanzielle Entlastung bedeuten.

Was aber kann man tun, um diese negativen Entwicklungen zu stoppen? Eine Möglichkeit wäre die, Bildungseinrichtungen im privaten Bereich zu verstaatlichen. Wenn dies gelänge, könnte man damit das Primat des Geldes im Bildungsbereich durchaus einschränken oder gar brechen. Eine andere Möglichkeit wäre es, die Studiengebühren und das Schulgeld grundsätzlich über staatliche Stipendien zu finanzieren, egal, ob die Bildungseinrichtung staatlich oder privat ist. Je nachdem, wie man sich entscheidet, es wird die Gesellschaft formen und gestalten, mitunter in eine so nicht gewollte Richtung.

Soll die Macht des Humankapitals voll zur Geltung kommen, muss die freie Entscheidung des Bürgers geachtet und gefördert werden. Dies gilt insbesondere auch in der Abschätzung eines jeden Einzelnen für sich, inwieweit es sich lohnt, in das eigene Bildungskapital zu investieren. Änderungen sind zu erwarten, wenn das Finanzkapital immer weniger attraktiv wird, weil Finanzkapital im Überfluss vorhanden ist.

18. Neuer Markt und neue Weltsicht

Auf dem freien Markt, so wie wir ihn kennen, kann jeder seine Ware frei verkaufen! Natürlich muss man bei der Gemeinde einen Stellplatz mieten und sich an die Marktregeln halten. Ansonsten ist man aber schon relativ frei, selbst in der Preisgestaltung. Den Preis so zu gestalten, dass er die Kosten deckt und noch einen Erlös darüber hinaus verspricht, das ist Sache des Verkäufers. Wenn außerdem ein Gewinn zu erzielen ist, dann sollte auch die Steuer nicht unbeachtet bleiben. Es kann sein, dass man im Einzelfall einen Preis unter den Kosten akzeptieren muss, um den Gesamtverlust zu minimieren, seinen Platz damit jedoch sichern kann. Wer einen selbst hergestellten Tisch auf dem Markt verkaufen will, der muss die Kosten für Holz, Leim, Schleifpapier und Stromkosten kalkulieren, hinzu kommen noch die Kosten für den Marktstand und für die Mitarbeiter. Mit aufzurechnen ist schließlich noch die Umsatzsteuer.

Bei der Umstellung auf eine allgemeine Gewinnsteuer kann man nach Wegfall der Umsatzsteuer den ersten Teil der Gewinnsteuer wie die Umsatzsteuer beim Verkauf direkt ansetzen und den Rest am Jahresende wie bei der Einkommenssteuer.[32] Der Marktpreis wird nun kaum je dem Leistungspreis entsprechen. Unter dem Leistungspreis, auch Arbeitspreis, möchte ich hier den Preis verstehen, der am Markt zu zahlen wäre, wenn die Arbeitsleistung plus entstandene weitere Kosten bezahlt werden, und nicht der Marktpreis, der sich nach Angebot und Nachfrage entwickelt. Die Differenz zwischen Leistungspreis und Marktpreis ist der Marktgewinn oder Marktverlust. Diese Differenz kann jedoch nicht direkt relevant sein für die Berechnung der Steuer, der steuerliche Gewinn ist ein anderer.

Bei der Berechnung des steuerlichen Gewinns muss berücksichtigt werden, dass der zum Überleben notwendige Geldbetrag pro Monat nicht zu besteuern ist. Der Markt kann direkt die Besteuerung nicht festlegen, wohl aber Richtlinien vorgeben, die in eine Steuergesetzgebung eingebunden werden, um so den Markt vor Ort zu stärken. Steuergesetze können allerdings nur in einem begrenzten Bereich greifen – in dem Bereich, in dem die Steuerhoheit gilt, in der Regel durch staatliche Grenzen bestimmt. Das kann zu Problemen führen, wenn bestimmte Steuervorteile nur für im eigenen Land erzeugte Produkte gelten sollen. Es sind auch dann protektionistische Maßnahmen, die den Freihandel vergiften, wenn sie dazu dienen sollen, die Klimaziele zu erreichen, weil nur grün produzierte Waren in den Vorzug einer Steuervergünstigung gelangen. Der Vorwurf eines Protektionismus würde selbstverständlich entfallen, wenn zum Beispiel alle grün produzierten Waren günstiger besteuert würden. Dann entsteht nur noch das Problem, wie man nicht nur im Inland, sondern auch im Ausland zu einem akzeptablen Nachweis einer deklarierten Produktionsweise gelangen kann.

Eine Lösung dieses Problems kann mit der Einführung einer konsequenten Gewinnsteuer relativ problemlos eingeschlagen werden.

Da der Gewinn erst beim Verkauf der Ware und nicht bei der Produktion entsteht, ist auch die Steuer beim Produzenten zu streichen. Indem die Steuer immer am Ort des Gewinns erhoben wird, hat man schon den ersten wichtigen Schritt zu einer Veränderung getan. Nicht unwichtig ist die Frage, wie ein Gewinn entstanden ist, wobei auch zu klären ist, was der Käufer eigentlich bezahlt, den substanziellen Wert des gekauften Objekts oder den funktionalen Wert des Objekts. Bei einem Smartphone steht eindeutig der funktionale Aspekt im Vordergrund. Einem historischen Gebäude wird man eher einen substanziellen Wert zuordnen, da der funktionale Wert zur Nebensache geworden ist.

Der substanzielle Wert verliert in der Regel im Laufe der Zeit, während die funktionalen Werte im Laufe der Zeit zunehmen können. Der Markt unterscheidet nicht vornehmlich nach diesen Kriterien, da ist die Frage nach dem Wiederverkaufswert. Am Markt ergeben sich unterschiedliche Resonanzstrukturen zwischen dem Verkäufer und dem Verkaufsobjekt, dem Käufer und dem Kaufobjekt, dem Verkäufer und dem Steuerbeamten mit Bezug auf das verkaufte Objekt. Der Käufer sieht die Welt mit dem Kaufobjekt darin und mit dem möglichen Standort in seiner Werkstatt oder vor seinem offenen Kamin. Der Markt kann dies alles abfedern, wenn er nicht durch unterschiedliche Steuern zu sehr eingeschränkt wird. Eine nach einheitlichen Regeln arbeitende Finanzbehörde könnte den Markt stabilisieren und selbst über Grenzen hinweg die Freiheit erhalten, die einen freien Markt ausmacht.

Eine allgemeine Gewinnsteuer könnte hierzu einen wesentlichen Beitrag leisten. Mit einer Gewinnsteuer, bei der die Kosten selektiv angerechnet werden, erhält man ein besseres Mittel, steuernd in den Markt einzugreifen, als dies mit der Umsatzsteuer möglich ist. Entfällt mit Einführung einer diversifizierenden Gewinnsteuer die Umsatzsteuer und die Vorsteuerverrechnung, dann läuft dies neben einer Vereinfachung der Steuererhebung sogar auf eine gerechtere Steuer hinaus. Nach Einführung einer derartigen Gewinnsteuer in einem Land wäre es wünschenswert, dass sich dies auf die Nachbarländer überträgt und zu guter Letzt eine einheitliche globale Gewinnsteuer als selbstverständlich gilt. Gerade bei der Anrechnung von Kosten, die vom Gewinn vor Steuern abzuziehen sind, wird man nicht sofort die gerechten Lösungen finden, die als wünschenswert anzusehen sind.

Werden die Kosten für besondere Maßnahmen einer ökologisch sinnvollen Produktion vom Gewinn absetzbar, dann ist zu gewährleisten, dass dies nicht nur im Inland, sondern auch in ausländischen Betrieben kontrollierbar ist. Bemühungen, die internationalen Märkte mit einheitlichen Regeln zur Besteuerung zu stabilisieren, wird die Märkte auch vorhersehbarer machen, denn wichtiger als die Höhe der Steuer ist die einheitliche Kalkulierbarkeit. Die Kalkulierbarkeit wird zudem dadurch erhöht, dass die Fluktuation der Mitarbeiter möglichst niedrig gehalten wird. Beitragen kann dazu ein positives Arbeitsklima, Hilfen bei der Unterbringung der Kinder während der Arbeit, aber auch wenn es nicht mehr nötig ist, 32 Stunden in der Woche zu arbeiten, um den normalen Lebensunterhalt abzusichern. Lässt sich die Produktivität ohne zusätzliche Arbeitsstunden steigern, kann es sinnvoll sein, dies dem Arbeitnehmer über mehr Freizeit und nicht mit mehr Geld zu entlohnen.

19. Die Macht auf dem Markt

Wenn wir das Geschehen auf dem Markt hinsichtlich der Kräfte in einem Handlungsfeld beschreiben wollen, so werden wir unterschiedliche Machtpositionen oder Machtpole erkennen. Die Macht geht nach bisherigem Muster vom Finanzkapital aus, wurde in der vorkapitalistischen Zeit eher von der Herkunft bestimmt und scheint heute und in der Zukunft immer häufiger über die Arbeitsleistung bestimmt zu sein. Man könnte die Auffassung vertreten, dass die Macht auf dem Markt immer häufiger den Teilnehmern zuzuschreiben ist, die gleichzeitig die Hauptarbeitsleistung mit einbringen. Herkunft und Geld mögen in der Vergangenheit der aktuell mächtigen Personen durchaus eine Rolle gespielt haben, ein überdurchschnittlicher Arbeitseinsatz wird bei allen diesen Personen Teil der Persönlichkeitsstruktur heute sein.

Machtmenschen werden vor allem viel Arbeitskraft in den Aufbau persönlicher Verbindungen und Kommunikationsstrukturen stecken. Wer eine zentrale Machtposition erreicht hat, kann anschließend immer mehr der arbeitsintensiven Kontrollen seinen engsten Vertrauten überlassen. Diktaturen können mit einem kleinen Kreis an Vertrauten ein Land regieren und so schneller auf Veränderungen im Umfeld reagieren, als dies in den bekannten Demokratien möglich ist. Zentrale Informationskanäle, die in ein gesellschaftliches Feld ungebrochen direkt hineinstrahlen können, stabilisieren, solange auch noch Informationen unzensiert zurückfließen.

Problematisch ist in neuerer Zeit die überall zu beobachtende Verschiebung der Machtverhältnisse von der Politik zu den global agierenden Konzernen auf dem Markt. Vor allem demokratische Systeme sollten in der Lage sein, globale Konzerne mit ihren Aktivitäten so in die lokalen Märkte einzubauen, dass die offene Struktur der Arbeitsmärkte vor Ort nicht ausgehebelt wird. Dazu gehört auch die Einsicht, Wege finden zu müssen, damit die einheimischen Arbeitskräfte nicht ohne Arbeit dastehen, weil in einem fernen Land billigere Arbeitskräfte bereitstehen, um diese Arbeit zu übernehmen. Die ökologischen Schäden durch lange Transportwege und der Verlust an Sicherheit auf dem Markt sollten zukünftig für die Bürger im lokalen Markt einen höheren Stellenwert einnehmen, als dies aktuell der Fall ist. Es kann nicht sein, dass lebenswichtige Medikamente Mangelwaren werden, weil eine Fabrik in Indien oder China nicht mehr liefern kann oder die weltweite Logistik ins Stocken gerät. Natürlich kann und soll nicht alles im eigenen Land hergestellt werden; eine Vorratshaltung und eine der Sicherheit dienende heimische Produktion auf einem niedrigen Niveau, die man notfalls hochfahren kann, das sollte möglich sein. Damit werden sowohl Arbeitsplätze erhalten oder neu geschaffen wie auch ein Wissen zu Produktionsvorgängen und Logistik vorgehalten, was ansonsten verloren geht.

Grundsätzlich nicht zu verhindern ist der Verlust der sogenannten „Tante-Emma-Läden" und alter Handwerkskunst. Der Wandel der Zeit bringt es unweigerlich mit sich, dass alte Strukturen zerfallen und dafür neue entstehen.

Die neuen Supermärkte sind für so manchen Bürger kein Ersatz für den Laden nebenan. Vor allem auf dem Land hinterlassen sie Lücken, die ohne lange Einkaufswege nicht zu schließen sind. In einer ländlichen Gemeinde ist der Supermarkt auf dem Dorf nicht betriebswirtschaftlich rentabel, als zentraler Markt in der Hand der Bürger könnte hier aber etwas Neues entstehen, was später auch woanders interessant werden könnte. Ein Marktplatz mit Bank, Gastronomie, Wellnesstempel, Sportanlagen, Lebensmittelläden, Elektrofachgeschäft, Buchladen und Bibliothek, das wäre auch attraktiv als Lösung zur Belebung der Stadtteilzentren in den Ballungsräumen.

20. Wachstum und Zerfall

Alle Menschen wollen wirtschaftliches Wachstum, oder etwa doch nicht alle? Unbegrenztes Wachstum kann zerstörerisch wirken. Die bekannteste und größte Studie, die vor einem allgemeinen permanenten Wachstum warnt, ist wohl die des Club of Rome[33]. Dort werden die Grenzen des globalen Wachstums aufgezeigt, geändert hat sich in den Einstellungen der Mächtigen leider bis heute kaum etwas. Es gibt die Stimmen, sie sind nicht verschollen, die in der Konsequenz das globale Wachstum grundsätzlich stoppen wollen. Dabei dürfen wir nicht übersehen, dass viele Regionen in dieser Welt noch gar nicht das industriell bedingte Wachstum in unseren westlichen Industriestaaten erreicht haben. Wollen wir die armen Entwicklungsländer daran hindern, unseren Standard an Wohlstand zu erreichen, oder sind wir gar bereit, auf unseren Wohlstand zu verzichten? Beides ist unrealistisch, Veränderungen in die eine oder andere Richtung kann es nur geben, wenn drastische Maßnahmen oder Katastrophen uns dazu zwingen, einen dieser Wege zu gehen. Der Krieg kann unseren Wohlstand zerstören, aber auch das Wachstum abrupt stoppen. Wollen wir keinen Krieg, so können wir dies mit völkerrechtlichen Verträgen versuchen zu verhindern, wir können aber auch versuchen, das Bevölkerungswachstum zu stoppen. Vielleicht sollten wir aber endlich beginnen, das Wachstum aus einer anderen Sicht heraus zu sehen, und uns fragen, wie auch das Wachstum in den Volkswirtschaften in einen Kreislauf einzubinden ist, um so ein nachhaltiges Wachstum zu erreichen, mit dem die Gefahr, Grenzen zu überschreiten, nicht gänzlich unmöglich ist, aber doch eingeschränkt wird.

Pflanzen haben da einen erstaunlichen Mechanismus entwickelt, sie wachsen ab einem gerissenen Status nur noch sehr langsam, genetisch bedingt wird das weitere Wachstum gestoppt bzw.

reduziert, sie können sich sogar den verschiedenen Umweltbedingungen anpassen, werden bei ungünstigen Bedingungen zum Beispiel nicht die sonst zu erwartende Größe erreichen. Können wir aber das Wachstum einer Pflanze oder auch einer Pflanzenpopulation mit dem einer Volkswirtschaft vergleichen? Nicht direkt, wir können aber nach systembedingten Gemeinsamkeiten suchen.

Statistisch gesehen können wir zwar das Wachstum in einer globalen Kreislaufwirtschaft für Volkswirtschaften in unserer Theorie als Konstrukt aufbauen, wir werden dies aber niemals global durchsetzen können. Das Kreislaufwirtschaften muss auf der lokalen Ebene organisiert und durchgesetzt werden. Wird dies zukünftig überall auf dieser Welt erfolgreich durchgeführt, wird man auch hoffen können, dass sich ein Gleichgewicht unterhalb der globalen Grenzen einpegelt.

Historisch gesehen können wir dann dereinst die Phasen der globalen wirtschaftlichen Aktivitäten einteilen anhand der beobachtbaren Stagnation, gefolgt von einem globalen exponentiellen Wachstum und einem anschließenden globalen Gleichgewicht. Wichtig ist die Erkenntnis, dass ein globales Gleichgewicht nicht ohne Wachstum auskommt. Leben wird auch dann, wenn es gelingt, alle Kriege zu verhindern, nicht ohne Verluste auskommen, auch müssen veraltete Strukturen immer mal wieder erneuert werden. Außerdem ist der natürliche Verfall immer mit einzurechnen. Wachstum und Zerfall, Abbau, Zerstörung und natürlicher Verfall sind Teil eines auf Dauer ausgerichteten Kreislaufsystems, in dem Wachstum immer wieder neu alles in Gang hält. Kurz und bündig, wir brauchen Wachstum auch dann, wenn es uns dauerhaft gelingt, die Kapazitätsgrenzen nicht zu überschreiten. Dazu wird es notwendig, den Blick auf lokale Bereiche zu lenken, um dort Wachstum als nachhaltiges Wachstum zu initiieren.

Die hier anzustrebende Nachhaltigkeit bedarf der Regeln, die in der Lage sind, das Wachstum wie auch den Verfall zu steuern, so wie wir das aus dem Reich der Pflanzen kennen.

Lassen wir den Verfall erst mal beiseite, so sollten wir hier zunächst den Basisfaktor Arbeit etwas genauer betrachten zur Klärung der Frage, wie Arbeit denn Wachstum fördern und steuernd eingreifen kann. Was vor allem ist zu tun, wenn wir ein nachhaltiges Wachstum wollen? Mit einem ersten Maßnahmenpaket sollten alle Steuern beseitigt werden, die ein Wachstum behindern, auch wenn Steuern eingesetzt werden können, um schädliches Wachstum zu stoppen. Zuerst fällt mir da die Umsatzsteuer ein. Das Besondere dieser Steuer ist nämlich, dass sie auch dann anfällt, wenn kein Gewinn erzielt wird, was keinesfalls das Wachstum fördert. Die besondere Belastung für das Wachstum ergibt sich aus der Differenz zwischen Umsatzsteuer und Vorsteuer. Diese Belastung ist nicht in allen Fällen gleich, so muss der Gastronom bei allen Waren in Deutschland im Restaurant mit einer Umsatzsteuer von 19 % rechnen, kann aber bei vielen Waren nur 7 % als Vorsteuer in Rechnung bringen. Damit wird ein grundsätzliches Problem angesprochen. Bei der Einführung hieß diese Steuer noch Mehrwertsteuer, denn tatsächlich sollte damit der Wert einer Ware besteuert werden, wenn sie fertig ist, somit zum Verkauf vorliegt, die Steuer soll halt nur den Mehrwert besteuern, unabhängig davon, wie viele Zwischenprodukte vorab produziert wurden. Das Endprodukt unterliegt demnach einer Steuer, die ganz klar eine substanzielle Steuer darstellt. Besteuert wird damit eine erfolgte Arbeitsleistung durch die Besteuerung des Produktes aus der Arbeit.

Wer Wachstum will, der sollte auf keinen Fall die Arbeit direkt besteuern, auch nicht das Produkt der Arbeit, sondern nur den Gewinn, und zwar jeweils nur den Gewinn vor Ort. Dazu ein Beispiel: Wird ein Tisch hergestellt, so kann der Schreiner, der diesen Tisch gebaut hat, ihn auf dem Markt anbieten und dort verkaufen. Da der Tisch aus einem hochwertigen Holz hergestellt wurde, kann er auch einen guten Preis verlangen. Erhält man einen Leistungspreis von 329 Euro und kann den Tisch für 450 Euro verkaufen, dann hat man einen Marktgewinn von 121 Euro erzielt. Bei zehn verkauften Tischen im Monat könnte unter Anrechnung aller variablen und fixen Kosten pro Monat ein am Marktpreis orientierter Gewinn von 1210 Euro zusammenkommen und abzüglich der Lebenshaltungskosten von 1000 Euro ein steuerlicher Gewinn von 120 Euro. Sind dann 50 % davon als Gewinnsteuer abzuführen, wären dies nur 60 Euro. Werden zusätzlich zu den Basiskosten auch Kosten für die Mobilität und Berufskleidung gesondert noch als absetzbar dazugerechnet, so kann man damit die anrechenbaren Erlöse im unteren Bereich nahezu steuerfrei halten; ob man das will, ist jedoch eine andere Frage. Die Maxime muss lauten, möglichst viel für das Humankapital vor Ort herauszuholen sowie Arbeit und Wohnen steuerfrei zusammenzubringen. Es sollte darum gehen, das Humankapital nicht unnötig steuerlich zu belasten, schließlich sollen die Bürger mit ihrem Humankapital doch Wachstum generieren und nicht Wachstum unterbinden.

Der lokale Markt kann mit der Hilfe von Marktregeln oder speziellen Statuten, die sich der Markt gibt, stabilisieren. Mit einem Marktrat kann der Markt sogar dazu beitragen, die Menschen vor Ort zusammenzubringen, um gemeinsam den Wohlstand durch nachhaltiges Wachstum zu mehren und das Humankapital zu schützen.

Generell sollte Wachstum nicht nur für den Menschen, sondern auch durch die Menschen initiiert werden, die davon betroffen sind. Schauen wir uns deshalb zuerst einmal einzelne Wirtschaftsbereiche an und was man dort unter Wachstum versteht, und zwar jenseits von Wachstumskennzahlen wie zum Beispiel dem BIP. Die Bestimmung des Bruttoinlandsproduktes (BIP) ergibt schließlich erst dann einen Sinn, wenn es möglich ist, die Arbeitsleistung innerhalb einer Volkswirtschaft mit Geld zu bewerten. Andere Bewertungsmaßstäbe sollten grundsätzlich möglich sein.

Teilen wir die Entwicklungsgeschichte der Menschheit in einzelne Perioden ein, so wird die präneolithische Periode der Sammler und Jäger nicht mit Geld bewertbar sein. Für die folgende

Periode der Ackerbauern zum Ende der neolithischen Periode (neolithische Revolution) lässt sich anhand der eingebrachten Ernte prinzipiell die Produktivität pro Kopf bestimmen und damit das BIP als eine geschätzte Größe davon ableiten. Erst mit der industriellen Revolution erhält man jedoch die Daten, mit denen ein BIP berechenbar wird.

Momentan befinden wir uns in der vorläufig letzten Phase der wirtschaftlichen Periodenabfolge, der digitalen Revolution. Wirtschaftliches Wachstum ist in jeder dieser Phasen und Perioden unterschiedlich zu bewerten. In der präneolithischen Periode ging es um die Reichweite des Reviers. Je größer das Revier, umso mehr Nahrungsmittel konnten für die karge Zeit des Winters als Vorrat eingesammelt werden. Die Vorratshaltung in präneolithischen Zeiten war sehr problematisch, nur wenige Nahrungsmittel konnten überhaupt gelagert werden und die Lagermöglichkeiten waren sehr eingeschränkt. Die Vorräte mussten bewacht werden, und nur das Feuer war da eine echte Hilfe.

Der Ackerbau betreibende Bauer musste nicht mehr herumstreifen, er benötigte nur den eigenen Acker und seine Weiden, um sich die notwendigen Nahrungsmittel zu sichern. Da lohnte es sich, feste Behausungen und gesicherte Gebäude für die Vorräte zu errichten. Der Bauer konnte relativ gut planen und den Erfolg seiner Arbeit vermittels Aufzeichnungen festhalten.

Die Arbeit des Landwirts ist an dem Wachstum seiner Pflanzen und dem seines Viehbestands orientiert; das Wachstum in der Brotfabrik an dem kontinuierlichen Wachstum im Ausstoß an Broten für den Einzelhandel, während die Baufirma ein Wachstum durch ein Plus an Aufträgen[34] erreichen will; die Stadt durch den Zuzug von Neubürgern; die Bank durch immer neue Bankkunden.

Niemand denkt daran, dieses Wachstum einzuschränken, es gar zu blockieren. Wenn nicht genug Ressourcen vorhanden sind, dann wird man sich sehr schnell mit den Wachstumszielen an den vorhandenen Ressourcen orientieren müssen[35] oder auch neue Quellen für die benötigten Ressourcen finden müssen, alternativ dazu versuchen, Ersatzprodukte und alternative Ressourcen einzusetzen.

Sind nicht genügend Mitarbeiter vorhanden, um die Wachstumsziele zu erreichen, dann gibt es drei mögliche Reaktionen. Eine Möglichkeit ist die, die Produktion zu drosseln, eine andere, die Preise zu erhöhen, und eine weitere, neue Mitarbeiter anzuwerben. Wenn keine neuen Mitarbeiter zu finden sind, kann man alternativ auch nach Maschinen Ausschau halten, mit denen Mitarbeiter zu ersetzen bzw. einzusparen sind. Auch wenn die letzte Alternative für die eigene Fabrik der rechte Ausweg ist, so mag dies für die betreffende Volkswirtschaft durchaus nicht unbedingt der rechte Ausweg sein. Mit dem Einsatz von Maschinen und Robotern kann die Produktion angekurbelt werden, die Fabrik ein hohes Produktionswachstum erreichen, das ist schon richtig. Wie sich das jedoch auf den Arbeitsmarkt auswirkt, darf nicht übersehen werden.

Ob die im Überfluss auf den Markt gelangenden Produkte auch noch verkäuflich sind, das ist die nächste Frage! Als eine Reaktion auf eine nachlassende Nachfrage kann der Fabrikant die Produktion herunterfahren, um so nur noch die Menge zu produzieren, die sich auch verkaufen lässt. Somit regulieren Angebot und Nachfrage das Wachstum in diesem Fall. Bei den Standardprodukten steigt die Nachfrage selbstverständlich mit dem Wachstum der Bevölkerung.

Anders kann es aussehen bei Produkten, die nicht jeder benötigt, und Produkten, die neu auf dem Markt sind. Gerade bei neuen Produkten lassen sich innerhalb kurzer Zeit exponentielle Wachstumsraten erreichen, ohne dass der Markt damit so schnell gesättigt wäre. Eine zunächst geringe Nachfrage wird mit Bekanntwerden der Vorzüge des neuen Produkts immer größer. Damit wird das Produkt plötzlich rar, es ist nicht mehr im Überfluss vorhanden und wird damit auch im Preis auf dem Markt zulegen. Der Marktpreis, das lernen wir daraus, wird durch die Knappheit bestimmt. Dies ist die Formel des Kapitalismus, man könnte auch sagen das Paradigma des Kapitalismus, nämlich das der Knappheit. Bei Produkten, die nicht jeder benötigt, wird die Knappheit der Produkte erst dann nicht mehr die Preise so hochtreiben, wenn sich die Produktion nach dem Bedarf in einer Kreislaufwirtschaft als nachhaltiger Steuerungsmechanismus bewährt, sich eine Art Regelkreis ausbildet.

Kommen wir zurück auf den Paradigmenwechsel wie beim Wert-Faktor „Wissen" beschrieben, und hier mit Blick auf den postulierten Übergang zwischen Knappheit und Überfluss. Ohne ein schier grenzenloses Wissen, das uns im Bildungskapital das Wachstum der Zukunft beschert, ohne dieses Wissen könnten wir keine Ökonomie im Überfluss generieren. Dieses Wissen führt uns dann auch in eine Zukunft mit null Grenzkosten[36] und eine Zukunft mit sicherem Geld, das die Knappheit des kapitalistischen Alltags im Finanzbereich abgeschüttelt hat und den Wert des Menschen und seiner Arbeit zum Nutzen aller bewusst macht.

Die industrielle Revolution in der historisch belegten Abfolge war nur möglich, weil die Macht der Arbeit und der arbeitenden Bevölkerung zuvor unterdrückt wurde, könnte man sagen! Dies ist eine starke Behauptung, die einiger Erläuterungen bedarf. Betrachten wir die Zeit der ersten mechanischen Webstühle, die durch die Nutzung von bis dato unvorstellbaren Energiereserven mit der Dampfkraft erst den Beginn einer Automatisierung in Gang setzte und damit eine Arbeitsleistung generierte, die davor nur durch Sklavenarbeit zu bewältigen war. Die eigentlichen Sklaven arbeiteten zwar nicht an den Webstühlen wie in Deutschland und Großbritannien – die mussten in den USA auf den Baumwollfeldern und den Rinderfarmen arbeiten! In Europa entstand hingegen ein Landproletariat, das man in den neu entstandenen Fabriken zu Bedingungen anheuern konnte, die nach heutigen Maßstäben als menschenunwürdig zu bezeichnen sind; Bedingungen, die so manchen Sklaven im alten Rom und in der Neuen Welt wie einen König erscheinen ließen!

Das Elend der Arbeiter in den Anfangszeiten der industriellen Revolution ließ auch einige Kinder der damaligen Fabrikanten nachdenklich werden. Einige versuchten mit Werkswohnungen[37] die gut ausgebildeten Arbeiter zu halten und ein gutes Werksklima zu schaffen. Engels hingegen versuchte die theoretischen Grundlagen einer menschenwürdigeren Gesellschaft zu verstehen und wurde so zu einem Wegbegleiter und Freund von Karl Marx! Diese Zusammenarbeit sollte die kommunistische Ideologie entstehen lassen und hat in mehreren Ländern zu sozialistischen Staatsgebilden geführt!

Leider ging die Macht meist nicht vom Volk aus, auch wenn das behauptet wurde. Die DDR war eben nicht, wie der Name vermuten lassen konnte, demokratisch, sondern eine durch Kader geleitete Bürokratie mit laut verkündeten, aber nicht realisierten sozialen Zielen, das notwendige Wachstum blieb aus! Ohne allen Bürgern die Partizipation in allen Bereichen des gemeinschaftlichen Lebens zu ermöglichen, ohne diese Partizipation kann es auf Dauer auch keine ausgewogene und stabile Gesellschaft mit demokratischen Strukturen geben! Die Grundlage der gesellschaftlichen Partizipation finden wir in der Arbeit, weshalb ohne Arbeit eine stabile ausgewogene Ökonomie auch nicht existieren kann. Die Arbeit ist deswegen als Basisfaktor für jedwedes ökonomische Wachstum aufzufassen! Selbst dann, wenn in allen Produktionsstätten Roboter die notwendige Arbeit verrichten, ohne menschliche Arbeitsleistung werden auch die Roboter nicht lange weiterarbeiten können. Ohne den Menschen und seine Arbeitskraft wird die menschliche Gesellschaft auseinanderfallen und aufhören zu existieren. Der Mensch kann nicht durch die Steuerung angeborener Verhaltensweisen sein Leben gestalten, er benötigt Regeln und eine Arbeit im Dienst am „Nächsten", insbesondere bei einem Leben in größeren Gemeinschaften und erst recht in einer Gesellschaft im Überfluss. Schon die Knappheit will sorgfältig organisiert sein, der Überfluss erst recht. Knappheit lässt vielfach nur einen geringen Spielraum, der Überfluss leider auch viele Umwege zu. Wir brauchen eine neue Hinwendung zum Menschen, eine neue Zielbestimmung für den Kompass in einer humanen Gesellschaft, innerhalb derer Aufbau und Erhalt von Humankapital im Vordergrund stehen. Der zentrale Paradigmenwechsel ist demnach der Wechsel vom Finanzkapital zum Humankapital im 21. Jahrhundert. Geld wird damit offensichtlich zu dem, was es bereits vorher schon war, zu einem sekundären Faktor und Finanzkapital zum nachrangigen Kapital, augenfällig zu erkennen in einem Bereich, der als Lowtech beschrieben wird. Lowtech wird in den kapitalistischen Machtzentren der westlichen Welt zwar so schnell nicht das Finanzkapital vertreiben, ist aber ein Weg, mit wenig Geld, dafür mit umso mehr Engagement und Arbeitseinsatz einfache technische Geräte zu bauen, die kaum weniger Potenzial haben, die Welt zu verändern, als dies die Hightechgeräte jeden Tag beweisen.

Ohne Arbeit lässt sich weder die notwendige Nahrung herbeischaffen noch all die schönen Dinge, mit denen wir uns die Zeit vertreiben. Der Überfluss wird uns aber auf der anderen Seite die Notwendigkeit längerer Ausbildungszeiten abringen müssen, da wir sonst sehr bald in die Zeit der Knappheit zurückkehren werden.[38] Man könnte sagen, dass damit der Kapitalismus gestorben ist, jedenfalls der Kapitalismus, gegen den Marx noch gekämpft hat. Was damit nicht gestorben ist, das ist der Geiz, die Habgier und die Herzlosigkeit, die sich in allen Regimen und in allen Gemeinschaften vielleicht eindämmen, aber wohl nie ganz ausrotten lassen. Bei der Eindämmung kann vielleicht die Lösung eines Problems helfen, das schon der junge Marx angesprochen hat, ohne es zu lösen, nämlich die Entfremdung des modernen Menschen in der industrialisierten Gesellschaft und die Suche nach einem Weg aus dieser Entfremdung. Gerade die Gesellschaft im Überfluss lässt sicherlich mehr Möglichkeiten zu, einer solchen Entfremdung mit positiven Resonanzstrukturen zu entkommen. Gelingende oder misslingende Resonanz würde dann auch darüber entscheiden, ob es gelingt, im Überfluss die Einsamkeit zu überwinden. Gelingende Gemeinsamkeit kann auch im Überfluss das Wachstum innerhalb der notwendigen Grenzen einfangen, die ein gesundes Wachstum sicherstellen. Damit ist die gerechte Verteilung der Gewinne und Ressourcen nicht auch bereits endgültig geregelt, vielleicht hilft es, wenn mit dem Ende des alten Kapitalismus auch die Bewertungsmaßstäbe sich verändern und ein neues Bewusstsein nicht so sehr auf substanzielle Werte setzt, sondern auf Sichtweisen, die durch Beachtung der funktionellen Werte sogar der Entfremdung entgegenwirken, indem neue Resonanzstrukturen aufgebaut werden.

Fragen wir uns nun, woran es liegt, dass die Ungleichheit in den wohlhabenden Industrienationen zunimmt, dann sollte man da vielleicht nicht so sehr auf den Kapitalismus schimpfen und ein System bekämpfen, sondern vielmehr jeden Einzelnen dazu bewegen, mehr Solidarität mit den ihn umgebenden Mitmenschen zu zeigen. Diese Solidarität im Namen der Menschlichkeit kann mit verschiedenen Aktivitäten angestoßen werden, zum Beispiel im Stadtrat durch den Beschluss für kostenlose Mobilität im öffentlichen Nahverkehr oder auch durch die Einrichtung von Obdachlosenwohneinrichtungen, nicht zuletzt abgesichert durch ein Grundeinkommen für alle Bürger. Werden alle Bürger verpflichtet, dafür 20 Tage im Jahr kostenlos für die Gemeinschaft zu arbeiten, könnte dies in vielfacher Hinsicht eine positive Wirkung haben. Das kann und sollte eine Bewusstseinsveränderung hervorrufen, mit der gleichzeitig die einfache Arbeit eine neue Wertschätzung erfährt, die ihr bis jetzt abgeht.

Insbesondere die Arbeit in den Diensten gebrechlicher und kranker Mitbürger bedarf einer Aufwertung. In diesen Bereichen wird die Arbeit selbst in der Überflussgesellschaft nicht weniger, sondern mehr; allein die einfachen Arbeiten gehen dem

Humankapital verloren. Zurückgedrängt wird gewiss auch das allgemeine Streben nach mehr, größer, weiter und höher. Eine gesunde Ökonomie im Überfluss ist keine Ökonomie der Steigerungen und Maximierung, sondern der gesunden Resonanzen. Die Bewertung des Humankapitals bedarf deshalb einer generellen Neuorientierung, damit Wachstum nicht nur in den Köpfen der Ökonomen und der Manager weiterwächst und nur wenige die Gewinne einstreichen, sondern allen Menschen auf dieser Erde einen Zuwachs an Wohlstand beschert.

Beitragen könnte dazu auch eine Bewegung hin zu mehr Lowtechprodukten und damit zu mehr Unabhängigkeit vom Finanzkapital. Berechtigt mag da die Frage sein, ob in einer Gesellschaft im Überfluss Lowtech denn noch einen Sinn ergibt. Die Antwort ist Ja, und das hat mehrere Gründe. Auch der Aufbau einfach zu bauender Geräte will gut durchdacht sein, benötigt den gut ausgebildeten Ingenieur, kann aber, wenn einmal als Prototyp auf dem Markt, auch von den im Produktionsprozess der Hightechanlagen nicht mehr benötigten Mitarbeitern nahezu problemlos hergestellt werden. Vor allem können aber Lowtechprodukte helfen, den bislang abgehängten Regionen beim Anschluss an die Gesellschaften im Überfluss zu helfen. Außerdem müssen die Gesellschaften im Überfluss einen Weg finden, alle Bürger in Arbeit zu halten und die Ressourcen schonend zu behandeln, sodass auch noch die Enkel den Überfluss genießen können.

Die intelligente Verwertung von Abfällen sollte es ermöglichen, nicht nur Ressourcen zu schonen, sondern auch neue Arbeitsplätze zu schaffen für all diejenigen, deren Arbeitsplatz von Robotern eingenommen wurde. Der Überfluss in der Überflussgesellschaft schafft aber auch nicht unbedingt zu erwartende Probleme, weil dieser Überfluss sich in der Tendenz vor allem bei den vorab schon Reichen in der Gesellschaft ansammelt und weiter ansammeln wird. Will man verhindern, dass dies irgendwann zu explosionsartigen Zerwürfnissen und revolutionären

Umbrüchen führt, dann sollte man rasch nach Möglichkeiten suchen, den Überfluss gerecht zu verteilen.

Hier kann man auch die Frage nach den Gesetzmäßigkeiten stellen, die eine Volkswirtschaft vorantreiben, nicht aber nach den Gesetzmäßigkeiten des Kapitalismus wie Piketty das formuliert. Da scheint mir die Weitsicht von J. M. Keynes bessere Voraussagen zu liefern, dieser verweist nämlich darauf, dass der einst zu erwartende Überfluss an Kapital zu einem drastischen Rückgang bei den Zinsen und den Zinsgewinnen führen muss, ein Phänomen, welches in diesen Tagen durchaus zu beobachten ist. Der Ausgleich zwischen weiterhin existierender Knappheit und einem Kapital im Überfluss wird damit dringender als je zuvor, um den Niedergang des Kapitalismus nicht in einem Desaster enden zu lassen.

Systemtheoretisch lässt sich dies vergleichen mit der geordneten Reaktion zwischen Wasserstoff und Sauerstoff in einer Brennstoffzelle und der ungeordneten Reaktion bei einer Knallgasreaktion. Bei der geordneten Reaktion entsteht nutzbarer elektrischer Strom, bei der ungeordneten Reaktion Wärmeenergie, die als Entropie nicht mehr zurückzugewinnen ist, wird sie doch in die Umwelt freigesetzt. Wenn die entsprechenden Partner zusammenkommen, wird es eine Reaktion geben, ob geordnet oder ungeordnet. Für die geordnete chemische Reaktion bedarf es der Katalysatoren, ein systemtheoretisches Problem in der Verallgemeinerung.

Im sozialen Kontext könnten Führungspersönlichkeiten mit Ausstrahlung und Weitsicht wichtige Aufgaben im Sinne von Katalysatoren einnehmen. Eine Möglichkeit wäre die Verteilung des nicht genutzten Überflusses an die Armen, und zwar für erbrachte Leistungen, im Dienst an der Gemeinschaft. Die dazu notwendigen Gelder sollten aus einer Gewinnsteuer hinreichend zu erhalten sein, oder alternativ einer Erbschaftssteuer. Eine Erbschaftssteuer existiert ja schon, könnte aber erhöht werden, was sicherlich nicht die beste Lösung sein dürfte. Sofern der vorhandene Überfluss nicht reicht, kann eine gesteuerte Verschuldung ebenso weiterhelfen. Eine weitere Streuung im Immobilienbesitz wird in jedem Fall mehr Sicherheit vermitteln und die Unzufriedenheit mit den persönlichen Bedingungen herabsetzen sowie zusätzliche gesellschaftliche Stabilität vermitteln.

Wachstum bedarf der sicheren und schnellen Aktivierung der Ressourcen und der Arbeitsleistungen, das Humankapital ist dabei die wichtigste Säule für eine wachsende Volkswirtschaft. Mit dem Bevölkerungswachstum steht gleichsam auch mehr Arbeitsleistung für ein wirtschaftliches Wachstum zur Verfügung. Ob die vorhandenen Ressourcen ausreichen, die abrufbare Arbeitsleistung auch nutzen zu können, das ist eine sehr wichtige Frage. Dabei darf man nicht vergessen, Engpässe zu überwinden.

Der Wechsel zu anderen Rohstoffen, Recycling und der Wechsel zu anderen Produkten und anderen neueren Nutzungsarten könnten da ebenfalls Auswege aufzeigen. Dies alles wird in einer allgemeinen Theorie des Wachstums aufzuarbeiten sein, wenn es um das Wachstum in wirtschaftlichen Handlungsräumen geht, um das Wachstum auf den Märkten. Diese allgemeine Wachstumstheorie kann hier nur gestreift werden. Soll das Wachstum in der uns umgebenden Natur mit in eine alles umfassende Theorie vom Wachstum einbezogen werden, wird man von einer allumfassenden Theorie des Wachstums sprechen können und müssen, darauf kann hier jedoch nur hingewiesen werden.[39] Ein Aspekt ist jedoch bereits vorab anzusprechen, die Frage, wie wir das Wachstum in der Natur mit dem Wachstum in unseren Ökonomien in ein theoretisches Gebäude zusammenfassen können. Wenn der Mensch den Wald abholzt, um aus dem ehemaligen Waldboden Ackerland zu machen, dann lässt sich daraus folgern, dass das natürliche Wachstum damit eingeschränkt wird – lokal sogar bis hin zum Stillstand –, das ökonomische Wachstum hingegen gefördert wird.

Obwohl Vorgänge wie die Abholzung des Amazonas global allen sichtbar erfolgt, kann es hilfreich sein, diese globalen Vernichtungen von CO_2-Senken in empirischen Analysen genauer zu erfassen. Der natürliche Zerfall von Biomasse kann so besser mit den Zerstörungen derselben durch den Menschen verglichen werden.

21. Analysen zum Wachstum

Wachstum lässt sich qualitativ beschreiben und ebenso quantifizieren. Die Aussage über die Anzahl der Bäume auf einen Quadratkilometer ist eine quantifizierte Aussage, die im Vergleich über mehrere Jahrzehnte und Regionen hinweg zu wichtigen Aussagen führen kann. Relevante Informationen sind den offiziellen Statistiken des Bundesamtes zu entnehmen. Stichproben in ausgewählten Berufen und Bereichen sollten Aussagen zum Wachstum im Allgemeinen, aber auch hinsichtlich der berufsspezifischen Wachstumsbedingungen möglich machen. Zusätzlich sind Analysen zu den Stimmungslagen und Erwartungen nützlich. Conjoint-Analysen[2] zum zukünftigen Bedarf an Finanzkapital und an gut ausgebildeten Mitarbeitern wären hilfreich, wenn es gilt, die Verschiebung hin zu einem höheren Bedarf an Bildungskapital zu belegen. Dazu lassen sich drei oder auch vier unterschiedliche Kandidaten beschreiben: a) der Geschäftsmann, der auch zukünftig vor allem auf das Finanzkapital setzt, b) der Geschäftsmann, der genug Finanzmittel zur Verfügung haben will, aber dennoch bei seinen Mitarbeitern verstärkt auf deren hervorragende Ausbildung achtet, und c) der Geschäftsmann, der in erster Linie auf die Qualifikationen und Fähigkeiten der Mitarbeiter setzt. Insbesondere auch über Zeitanalysen in dieser Hinsicht könnte man zu neuen Einsichten gelangen. Eine offene Frage wäre da wohl, mit welchem Mix die optimalen Ergebnisse zu erzielen sind.

---

2 Verbundanalysen bzw. Verbundmessungen

a) Sind die Banken ein Problem?

Wenn im Jahre 2023 die Credit Suisse mit einem Milliarden-
kredit der Zentralbank gerettet werden muss, auch wenn dann
am Ende die UBS eingesprungen ist, so fragt man sich doch sofort, was das zu bedeuten hat! Ist das Geld der Reichen in der
Schweiz nicht mehr sicher, wackelt gar das globale Bankensystem insgesamt? Die Probleme der Credit Suisse haben zunächst
dem Kurs der Aktie einen Sinkflug beschert, die Kreditankün-
digung der Schweizer Zentralbank hat dies aber sofort gestoppt,
der Kurs hat sich normalisiert, das Vertrauen der Anleger anscheinend wiederhergestellt. Was aber ist tatsächlich passiert
und welches Licht wirft dies auf das Bankensystem insgesamt?
Mit dem Kredit ist die angeschlagene Bank wieder liquide, doch
wie sieht die Zukunft aus? Erste Frage: Kann der Kredit in der
Zukunft zurückgezahlt werden? Werden weitere Anleger ihr
Geld von der Bank zurückverlangen oder werden sie mit dem
neuen Vertrauen weiteres Geld dort deponieren? Die Tatsache,
dass eine kalifornische Bank mit Interbankkrediten zu stützen
ist, lässt die Wolken am Bankenhimmel nicht so schnell verschwinden, ebenso wenig die inzwischen bekannt gewordene
Übernahme durch die UBS. Wir brauchen Banken, auch in der
Zukunft, keine Frage. Ob es allerdings die heutigen Banken sein
werden, die zukünftig noch unser Finanzsystem am Laufen halten, das wage ich zu bezweifeln. Mit neuartigen Sicherungssys-
temen sollen die Kunden beruhigt werden, erste Schritte hin zu
einem stabileren Finanzsystem. Banken, die ihren Kunden nicht
jederzeit die Einlagen auszahlen können, sind in einem solchen
System fehl am Platz. Sind die Einlagen abgesichert, kann auch
über eine Insolvenz bei Banken nachgedacht werden. Wegen der
Systemrelevanz werden durch die Interbankenkredite Kredite
bereitgestellt. Ob diese zurückgezahlt werden können, wird die
Zukunft zeigen, doch was ist zu tun, wenn das nicht gelingt?
Hier stellt sich dann auch die Frage nach dem Wert des Geldes
und ob nicht das gesamte Geldsystem einer Reform bedarf. Eines kann jedenfalls gesagt werden: Egal welches Geld, welche

Währung und aus welcher Quelle stammend, Geld kann ein Projekt anschieben, neue anstoßen und den Absturz verhindern. Die Quellen, zunächst unbeachtet, sind langfristig wichtig und sehr genau unter die Lupe zu nehmen, Kredite darauf zu überprüfen, ob sie zukünftig nicht zur Belastung werden. Die Kontrolle der Geldflüsse wird wohl auch in der Zukunft von Banken und entsprechenden Institutionen durchgeführt werden. Voraussetzung dafür sollte es sein, dass die Mitarbeiter in diesen Banken verantwortlich mit dem Geld der Kunden umgehen. Kredite sind inzwischen leichter auf den Weg zu bringen, als das Geld der Kunden zu sichern, ein zu beachtendes Problem. Die Einlagensicherung, wie sie inzwischen eingerichtet wurde, ist ein Anfang auf dem richtigen Weg. In den Anfängen der modernen Bankengeschichte war die Einlage durch Gold abgesichert. Diese Absicherung verfiel nach und nach, bis kurz vor der Auflösung der Goldbindung nur noch ein geringer Teil des Geldes goldgedeckt war. Es wird Zeit, neue Sicherungssysteme aufzubauen, wobei die Zusicherung, bei einer Pleite unserer Eurobanken doch wenigstens 100.000 Euro über einen Sicherungsfonds abzusichern, bei genauer Betrachtung nur ein schwacher Trost sein kann. Im Falle eines Falles ist schließlich damit zu rechnen, dass die 100.000 Euro bei Weitem nicht mehr den Wert widerspiegeln, der ihnen anfangs bei Eröffnung des Depots zuzurechnen war. Jenseits der aktuell diskutierten Absicherungen kommen wir nicht darum herum, die entscheidende Frage nach dem Werterhalt des Geldes nicht nur zu stellen, sondern auch auf die Antwort dazu zu drängen. Der Wert des Geldes kann nur stabil bleiben, wenn es gelingt, diesem Geld einen Wert zuzuordnen, der über die Jahre hinweg stabil erhalten bleibt. Gold kann da noch immer eingesetzt werden, um auch über Jahrhunderte hinweg ein Vermögen zu sichern. Das vor 100 Jahren im Schließfach hinterlegte Gold in Form eines Goldbarrens ist sicherlich noch zu einem guten Preis in Euro zu verkaufen, während das Geld der damaligen Zeit heute wertlos ist. Konkreter, wer 2002 für 270 Euro Gold eingekauft hat, kann dafür 20 Jahre später ca. 1200 Euro erhalten. Ein Tisch, damals für 270 Euro eingekauft, hätte 2022 dann sicherlich 1200 Euro gekostet. Gold kann insofern für den Einzelnen das Mittel der Absicherung sein, für eine Bank nur bedingt und für ein Bankensystem eher nicht. Um alles Geld der Welt abzusichern, reicht das vorhandene Gold nicht aus. Was hingegen ausreichen sollte, ist die Arbeitskraft, so wie dies in dem Buch „Spitzenfaktor Geld" vorgeschlagen wird.[40]

b) Faktoren des Wachstums

Es wäre absurd, das Wachstum in der Natur, im Wald und in den Gewässern mit Geld beschleunigen zu wollen, sorgt doch die Natur selbst für ihr Wachstum, insofern Menschen da nicht eingreifen und dieses Wachstum stören, es sogar verhindern. Nun kann man zwar mit finanziellen Mitteln Projekte zur Wiederaufforstung oder auch zur Säuberung der Gewässer in die Hand nehmen. Beim wirtschaftlichen, mit Geld angekurbelten Wachstum denkt man aber eher an die Förderung bestimmter Wirtschaftszweige. Die Diskussion vor Ort kann da verschiedene Positionen einnehmen, kaum die, ein weiteres Wachstum auszuschließen, es sei denn, die Gelder können bei einer anderen Lokalität schneller das gewünschte Wachstum hervorrufen. Die bekannteste und größte Studie, die vor einem permanenten Wachstum warnt, ist wohl die des Club of Rome[41]. Dort werden die Grenzen des Wachstums aufgezeigt, geändert hat sich leider kaum etwas. Es gibt die Stimmen, sie sind nicht verschollen, die in der Konsequenz das globale Wachstum stoppen wollen.[42] Dabei dürfen wir nicht übersehen, dass viele Regionen in dieser Welt noch gar nicht das industriell bedingte Wachstum in unseren westlichen Industriestaaten erreicht haben. Wollen wir die armen Entwicklungsländer daran hindern, unseren Standard an Wohlstand zu erreichen, oder sind wir gar bereit, auf unseren Wohlstand zu verzichten? Beides ist unrealistisch, Veränderungen, in die eine oder andere Richtung kann es nur geben, wenn drastische Maßnahmen oder Katastrophen uns dazu zwingen, einen dieser Wege zu gehen. tatistisch gesehen können wir zwar eine globale Kreislaufwirtschaft als Konstrukt aufbauen, werden dies aber niemals global durchsetzen können. Das Kreislaufwirtschaften muss auf der lokalen Ebene organisiert und durchgesetzt werden. Wird dies überall auf dieser Welt erfolgreich durchgeführt, wird man auch hoffen können, dass sich global ein Gleichgewicht unterhalb der Kapazitätsgrenzen einpegelt. Historisch gesehen können wir dann hoffentlich dereinst die Phasen der globalen wirtschaftlichen Aktivitäten einteilen in Stagnation, gefolgt vom globalen exponentiellen Wachstum und anschließendem globalen Gleichgewicht. Wichtig ist die Erkenntnis, dass ein globales Gleichgewicht nicht ohne Wachstum auskommt. Leben wird auch dann, wenn es gelingt, alle Kriege zu verhindern, nicht ohne Verluste auskommen, auch müssen veraltete Strukturen immer mal wieder erneuert werden. Außerdem ist der natürliche Verfall immer mit einzurechnen. Kurz und bündig, wir brauchen Wachstum auch dann, wenn wir alles daransetzen, die Kapazitätsgrenzen nicht zu überschreiten. Dazu wird es notwendig, den Blick auf lokale Bereiche zu lenken, um dort Wachstum als nachhaltiges Wachstum zu initiieren. Lassen wir den Verfall erst mal beiseite, so sollten wir den Basisfaktor Arbeit etwas genauer betrachten, wie dies in diesem Buch ja auch vorgesehen ist. Was aber ist zu tun, wenn wir ein nachhaltiges Wachstum wollen? Mit dem ersten Maßnahmenpaket sollten alle Steuern beseitigt werden, die ein Wachstum behindern. Zuerst fällt mir da die Umsatzsteuer ein. Das Besondere dieser Steuer ist leider, dass sie auch dann anfällt, wenn kein Gewinn erzielt wird, was keinesfalls das Wachstum fördert. Die Belastung für das Wachstum ergibt sich aus der Differenz zwischen Umsatzsteuer und Vorsteuer. Diese Belastung ist nicht mal in allen Fällen gleich, so muss der Gastronom bei allen Waren im Restaurant mit einer Umsatzsteuer von 19 % rechnen, kann aber bei vielen Waren nur 7 % als Vorsteuer in Rechnung bringen. Damit wird ein grundsätzliches Problem aufgegriffen. Bei der Einführung hieß diese Steuer noch Mehrwertsteuer, denn tatsächlich sollte damit der Wert einer Ware besteuert werden, wenn sie fertig ist, somit zum Verkauf vorliegt, die Steuer soll halt nur den Mehrwert besteuern, unabhängig davon, wie viele Zwischenprodukte vorab produziert wurden. Das Endprodukt unterliegt demnach einer Steuer, die ganz klar eine substanzielle Steuer darstellt. Besteuert wird damit eine erfolgte Arbeitsleistung durch die Besteuerung des Produktes aus der Arbeit. Die Rückzahlung der Steuer, die bei den Vorprodukten angefallen ist, soll über das Konstrukt der Vorsteuer verhindern, dass ein Endprodukt mehrfach besteuert wird. Dies ist vom Gedankenansatz eine substanzielle Steuer, da beim Tischler zum Beispiel das Endprodukt Tisch im Fokus der Betrachtung steht. Wer Wachstum will, der sollte auf keinen Fall die Arbeit selbst und das Produkt direkt besteuern, sondern nur den Gewinn, und zwar jeweils nur den Gewinn vor Ort. Dazu ein Beispiel: Wird ein Tisch hergestellt, so kann der Schreiner, der diesen Tisch gebaut hat, ihn auf dem Markt anbieten und dort mit einem guten Erlös verkaufen. Da der Tisch aus einem hochwertigen Holz hergestellt wurde, kann er auch einen guten Preis verlangen. Erhält man einen Leistungspreis von 329 Euro und kann den Tisch für 450 Euro verkaufen, dann hat man bei einem Erlös von 450 Euro einen Marktgewinn von 121 Euro erzielt. Bei zehn verkauften Tischen im Monat könnte unter Anrechnung aller variablen und fixen Kosten pro Monat ein am Marktpreis orientierter Gewinn von 1210 Euro zusammenkommen und abzüglich der Lebenshaltungskosten von 1000 Euro ein steuerlicher Gewinn von 120 Euro. Sind dann 50 % davon als Gewinnsteuer abzuführen, wären dies nur 60 Euro. Werden zusätzlich zu den Basiskosten auch Kosten für die Mobilität und Berufskleidung gesondert noch als absetzbar dazugerechnet, so kann man damit die anrechenbaren Erlöse und generell die Einnahmen im Niedriglohnbereich nahezu steuerfrei halten.

Die Maxime muss lauten, möglichst viel für das Humankapital vor Ort herauszuholen. Der lokale Markt kann mit der Hilfe von Marktregeln oder speziellen Statuten, die sich der Markt gibt, stabilisieren. Mit einem Marktrat kann der Markt sogar dazu beitragen, die Menschen vor Ort zusammenzubringen, um gemeinsam den Wohlstand durch nachhaltiges Wachstum zu mehren und das Humankapital zu schützen.

Generell sollte Wachstum nicht nur für den Menschen, sondern auch durch die Menschen initiiert werden, die davon betroffen sind. Schauen wir uns deshalb zuerst mal einzelne Wirtschaftsbereiche an und was man dort unter Wachstum versteht, und zwar jenseits von Wachstumskennzahlen wie zum Beispiel dem BIP. Die Bestimmung des Bruttoinlandsproduktes (BIP) ergibt natürlich erst dann einen Sinn, wenn es möglich ist, die Arbeitsleistung innerhalb einer Volkswirtschaft mit Geld zu bewerten. Teilen wir die Entwicklungsgeschichte der Menschheit in einzelne Perioden ein, so wird die präneolithische Periode der Sammler und Jäger nicht mit Geld bewertbar sein. Für die folgende Periode der Ackerbauern zum Ende der neolithischen Periode (neolithische Revolution) lässt sich anhand der eingebrachten Ernte prinzipiell die Produktivität pro Kopf bestimmen und damit das BIP als eine geschätzte Größe davon ableiten. Erst mit der industriellen Revolution erhält man jedoch die Daten, mit denen ein BIP berechenbar wird. Momentan befinden wir uns in der vorläufig letzten Phase der wirtschaftlichen Periodenabfolge, der digitalen Revolution.[43] Wirtschaftliches Wachstum ist in jeder dieser Phasen und Perioden unterschiedlich zu bewerten. In der präneolithischen Periode ging es um die Reichweite des Reviers. Je größer das Revier umso mehr Nahrungsmittel konnten für die karge Zeit des Winters als Vorrat angesammelt werden. Die Vorratshaltung in präneolithischen Zeiten war sehr problematisch, nur wenige Nahrungsmittel konnten überhaupt gelagert werden und die Lagermöglichkeiten waren sehr eingeschränkt. Die Vorräte mussten bewacht werden und nur das Feuer war da eine echte Hilfe. Der Ackerbau betreibende Bauer hingegen musste nicht mehr herumstreifen, er benötigte nur den eigenen Acker und seine Weiden, um sich die notwendigen Nahrungsmittel zu sichern. Da lohnte es sich, feste

Behausungen und gesicherte Gebäude für die Vorräte zu errichten. Der Bauer konnte gut planen und den Erfolg seiner Arbeit vermittels Aufzeichnungen festhalten.

Die Arbeit des Landwirts ist an dem Wachstum seiner Pflanzen und dem seines Viehbestands orientiert; das Wachstum in der Brotfabrik an dem kontinuierlichen Wachstum im Ausstoß an Broten für den Einzelhandel; die Baufirma will wachsen durch ein Plus an Aufträgen[44]; die Stadt durch den Zuzug von Neubürgern; die Bank durch immer neue Bankkunden. Niemand denkt daran, dieses Wachstum einzuschränken, es gar zu blockieren. Wenn nicht genug Ressourcen vorhanden sind, dann wird man sich mit den Wachstumszielen an den vorhandenen Ressourcen orientieren müssen[45] oder auch neue Quellen für die benötigten Ressourcen finden müssen. Sind nicht genügend Mitarbeiter vorhanden, um die Wachstumsziele zu erreichen, dann gibt es drei mögliche Reaktionen. Eine Möglichkeit ist die, die Produktion zu drosseln, eine andere, die Preise zu erhöhen, und zudem die, neue Mitarbeiter anzuwerben. Wenn keine neuen Mitarbeiter zu finden sind, kann man alternativ auch nach Maschinen Ausschau halten, mit denen Mitarbeiter zu ersetzen bzw. einzusparen sind. Auch wenn die letzte Alternative für die eigene Fabrik der rechte Ausweg ist, so mag dies für die betreffende Ökonomie durchaus nicht unbedingt der rechte Ausweg sein. Mit dem Einsatz von Maschinen und Robotern kann die Produktion selbst mit einem kleinen Mitarbeiterstab angekurbelt werden, die Fabrik ein hohes Produktionswachstum erreichen, das ist schon richtig. Ob die im Überfluss auf den Markt gelangenden Produkte auch noch verkäuflich sind, das ist die nächste Frage! Als eine Reaktion darauf kann der Fabrikant die Produktion herunterfahren, um so nur noch die Menge zu produzieren, die sich auch verkaufen lässt. Somit regulieren Angebot und Nachfrage das Wachstum in diesem Fall. Bei den Standardprodukten steigt die Nachfrage mit dem Wachstum der Bevölkerung. Anders kann es aussehen bei Produkten, die nicht jeder benötigt, und Produkten, die neu auf dem Markt sind. Gerade bei neuen Produkten lassen sich innerhalb kurzer Zeit exponentielle Wachstumsraten erreichen, ohne dass der Markt damit so schnell gesättigt wäre. Eine zunächst geringe Nachfrage wird mit Bekanntwerden der Vorzüge des neuen Produkts immer größer. Damit wird das Produkt plötzlich rar, es ist nicht mehr im Überfluss vorhanden und wird damit auch im Preis auf dem Markt zulegen. Der Marktpreis, das lernen wir daraus, wird durch die Knappheit bestimmt. Dies ist die Formel des Kapitalismus, man könnte auch sagen das Paradigma des Kapitalismus, das der Knappheit. Bei Produkten, die nicht jeder benötigt, wird die Knappheit der Produkte erst dann nicht mehr die Preise so hochtreiben, wenn sich die Produktion nach dem Bedarf in einer Kreislaufwirtschaft als nachhaltiger Steuerungsmechanismus bewährt, sich eine Art Regelkreis ausbildet.

Kommen wir zurück auf den Paradigmenwechsel wie beim Wert-Faktor „Wissen" beschrieben, und hier mit Blick auf den postulierten Übergang zwischen Knappheit und Überfluss. Ohne ein schier grenzenloses Wissen, das uns im Bildungskapital das Wachstum der Zukunft beschert, ohne dieses Wissen könnten wir keine Ökonomie im Überfluss generieren. Dieses Wissen führt uns in eine Zukunft mit digitalisierter Produktion, künstlicher Intelligenz und den Überfluss nährenden null Grenzkosten[46] sowie in eine Zukunft mit sicherem Geld, das die Knappheit des kapitalistischen Alltags abgeschüttelt hat und den Wert des Menschen und seiner Arbeit zum Nutzen aller bewusster macht. Die industrielle Revolution in der historisch belegten Abfolge war nur möglich, weil die Macht der Arbeit und der arbeitenden Bevölkerung unterdrückt wurde, könnte man sagen! Dies ist eine starke Behauptung, die einiger Erläuterungen bedarf. Betrachten wir die Zeit der ersten mechanischen Webstühle, die durch die Nutzung von bis dato unvorstellbaren Energiereserven mit der Dampfkraft erst den Beginn einer Automatisierung in Gang setzte und damit eine Arbeitsleistung generierte, die davor nur durch Sklavenarbeit zu bewältigen war. Die eigentlichen Sklaven arbeiteten zwar nicht an den Webstühlen in

Deutschland und Großbritannien, die mussten in den USA auf den Baumwollfeldern und den Rinderfarmen arbeiten! In Europa entstand hingegen ein Landproletariat, das man in den neu entstandenen Fabriken zu Bedingungen anheuern konnte, die nach heutigen Maßstäben als menschenunwürdig zu bezeichnen sind; Bedingungen, die so manchen Sklaven im alten Rom und in der Neuen Welt wie einen König erscheinen ließen! Das Elend der Arbeiter in den Anfangszeiten der industriellen Revolution ließ auch einige Kinder der damaligen Fabrikanten nachdenklich werden. Einige versuchten mit Werkswohnungen[47] die gut ausgebildeten Arbeiter zu halten und ein gutes Werksklima zu schaffen. Engels hingegen versuchte die theoretischen Grundlagen einer menschenwürdigeren Gesellschaft zu verstehen und wurde so zu einem Wegbegleiter und Freund von Karl Marx! Diese Zusammenarbeit sollte die kommunistische Ideologie entstehen lassen und hat in mehreren Ländern zu sozialistischen Staatsgebilden geführt! Leider ging die Macht meist nicht vom Volk aus, auch wenn das behauptet wurde. Die DDR war eben nicht, wie der Name vermuten lassen konnte, demokratisch, sondern eine durch Kader geleitete Bürokratie mit laut verkündeten, aber nicht generell realisierbaren sozialen Zielen, das notwendige Wachstum blieb aus![48] Ohne allen Bürgern die Partizipation in allen Bereichen des gemeinschaftlichen Lebens zu ermöglichen, ohne diese Partizipation kann es auf Dauer auch keine ausgewogene und stabile Gesellschaft mit demokratischen Strukturen geben! Die Grundlage der gesellschaftlichen Partizipation finden wir in der Arbeit, weshalb ohne Arbeit eine stabile ausgewogene Ökonomie auch nicht existieren kann. Die Arbeit ist deswegen als Basisfaktor für jedwedes ökonomische Wachstum aufzufassen! Selbst dann, wenn in allen Produktionsstätten die Roboter die Arbeit verrichten, ohne menschliche Arbeitsleistung werden auch die Roboter nicht lange weiterarbeiten können. Ohne den Menschen und seine Arbeitskraft wird die menschliche Gesellschaft auseinanderfallen und aufhören zu existieren. Der Mensch kann nicht durch die Steuerung angeborener Verhaltensweisen sein Leben gestalten, er benötigt

Regeln und eine Arbeit im Dienst am „Nächsten", insbesondere bei einem Leben in größeren Gemeinschaften und erst recht in einer Gesellschaft im Überfluss. Schon die Knappheit will sorgfältig organisiert sein, der Überfluss erst recht. Wir brauchen eine neue Hinwendung zum Menschen, eine neue Zielbestimmung für den Kompass in einer humanen Gesellschaft, innerhalb derer Aufbau und Erhalt von einem gesunden Humankapital im Vordergrund stehen. Der zentrale Paradigmenwechsel ist demnach der Wechsel vom Finanzkapital zum Humankapital im 21. Jahrhundert. Geld wird damit auch augenfällig zu dem, was es auch vorher schon war, zu einem sekundären Faktor und Finanzkapital zum nachrangigen Kapital. Lowtech wird in den kapitalistischen Machtzentren der westlichen Welt so schnell nicht das Finanzkapital vertreiben, ist aber ein Weg, mit wenig Geld, dafür mit umso mehr Engagement und Arbeitseinsatz einfache technische Geräte zu bauen, die nicht weniger Potenzial haben könnten, die Welt zu verändern, wie dies die Hightechgeräte jeden Tag schon beweisen. Ohne Arbeit lässt sich weder die notwendige Nahrung herbeischaffen noch all die schönen Dinge, mit denen wir uns die Zeit vertreiben. Der Überfluss wird uns aber auf der anderen Seite die Notwendigkeit längerer Ausbildungszeiten abringen müssen, da wir sonst sehr bald in die Zeit der Knappheit zurückkehren werden.[49] Man könnte sagen, dass damit der Kapitalismus gestorben ist, jedenfalls der Kapitalismus, gegen den Marx noch gekämpft hat. Was damit nicht gestorben ist, das ist der Geiz, die Habgier und die Herzlosigkeit, die sich in allen Regimen und in allen Gemeinschaften vielleicht eindämmen, aber wohl nie ganz ausrotten lassen. Bei der Eindämmung kann vielleicht die Lösung eines Problems helfen, das schon der junge Marx angesprochen hat, ohne es zu lösen, nämlich die Entfremdung des modernen Menschen und die Suche nach einem Weg aus dieser Entfremdung.[50] Gerade die Gesellschaft im Überfluss lässt sicherlich mehr Möglichkeiten zu, einer solchen Entfremdung mit positiven Resonanzstrukturen zu entkommen. Gelingende oder misslingende Resonanz würde dann auch darüber entscheiden, ob es gelingt, im

Überfluss die Einsamkeit zu überwinden. Gelingende Gemeinsamkeit kann auch im Überfluss das Wachstum innerhalb der notwendigen Grenzen einfangen, die ein gesundes Wachstum sicherstellen. Damit ist die gerechte Verteilung der Gewinne und Ressourcen nicht gleich schon endgültig geregelt, vielleicht hilft es aber, wenn mit dem Ende des alten Kapitalismus auch die Bewertungsmaßstäbe sich verändern und ein neues Bewusstsein nicht so sehr auf substanzielle Werte setzt, sondern auf Sichtweisen, die der Entfremdung entgegenwirken, auf positive funktionale Sichtweisen und so neue Resonanzstrukturen aufgebaut werden. Fragen wir uns nun, woran es liegt, dass die Ungleichheit in den wohlhabenden Industrienationen zunimmt, dann sollte man da vielleicht nicht so sehr auf den Kapitalismus schimpfen und ein System bekämpfen, sondern vielmehr jeden Einzelnen dazu bewegen, mehr Solidarität mit den ihn umgebenden Mitmenschen zu zeigen. Diese Solidarität im Namen der Menschlichkeit kann mit verschiedenen Aktivitäten angestoßen werden, zum Beispiel im Stadtrat durch den Beschluss für kostenlose Mobilität im öffentlichen Nahverkehr oder auch durch die Einrichtung von Obdachlosenwohneinrichtungen, nicht zuletzt durch ein Grundeinkommen für alle Bürger. Die Aufforderung an alle Bürger, dafür 20 Tage im Jahr kostenlos für die Gemeinschaft zu arbeiten, kann eine Bewusstseinsveränderung hervorrufen, mit der auch die einfache Arbeit eine Wertschätzung erfährt, die ihr bis jetzt abgeht. Insbesondere die Arbeit in den Diensten gebrechlicher und kranker Mitbürger bedarf einer Aufwertung. In diesen Bereichen wird die Arbeit selbst in der Überflussgesellschaft nicht weniger, sondern mehr; allein die einfachen Arbeiten gehen dem Humankapital verloren. Zurückgedrängt wird gewiss auch das allgemeine Streben nach mehr, größer, weiter und höher. Eine gesunde Ökonomie im Überfluss ist keine Ökonomie der Steigerungen und Maximierung, sondern der gesunden Resonanzen und der Ausgewogenheit. Die Bewertung des Humankapitals bedarf deshalb einer generellen Neuorientierung, damit Wachstum nicht nur in den Köpfen der Ökonomen und der Manager weiterwächst und nur wenige die Gewinne einstreichen, sondern allen Menschen auf dieser Erde einen Zuwachs an Wohlstand beschert. Beitragen könnte dazu auch eine Bewegung hin zu mehr Lowtechprodukten und damit zu mehr Unabhängigkeit vom Finanzkapital insbesondere in den Ländern, in denen immer noch die Knappheit an der Tagesordnung ist. Berechtigt mag da die Frage sein, ob in einer Gesellschaft im Überfluss Lowtech denn noch einen Sinn ergibt. Die Antwort ist Ja, und das hat mehrere Gründe. Auch der Aufbau einfach zu bauender Geräte will gut durchdacht sein, benötigt den gut ausgebildeten Ingenieur, kann aber, wenn einmal als Prototyp auf dem Markt, auch von den im Produktionsprozess der Hightechanlagen nicht mehr benötigten Mitarbeitern nahezu problemlos hergestellt werden. Vor allem können aber Lowtechprodukte den bislang abgehängten Regionen helfen, den Anschluss an die Gesellschaften im Überfluss zu finden. Außerdem müssen die Gesellschaften im Überfluss einen Weg finden, alle Bürger in Arbeit zu halten und die Ressourcen schonend zu behandeln, sodass auch noch die Enkel den Überfluss genießen können. Die intelligente Verwertung von Abfällen sollte es ermöglichen, nicht nur Ressourcen zu schonen, sondern auch neue Arbeitsplätze zu schaffen für all diejenigen, deren Arbeitsplatz von Robotern eingenommen wurde. Der Überfluss in der Überflussgesellschaft schafft aber auch nicht unbedingt zu erwartende Probleme, weil dieser Überfluss sich in der Tendenz bei den vorab schon Reichen in der Gesellschaft ansammelt und weiter ansammeln wird. Will man verhindern, dass dies irgendwann zu explosionsartigen Zerwürfnissen und revolutionären Umbrüchen führt, dann sollte man schnell nach Möglichkeiten suchen, den Überfluss gerecht zu verteilen. Hier kann man auch die Frage nach den Gesetzmäßigkeiten stellen, die eine Volkswirtschaft vorantreiben, nicht aber nach den Gesetzmäßigkeiten des Kapitalismus wie Piketty das formuliert. Da scheint mir die Weitsicht von J. M. Keynes bessere Voraussagen zu liefern, dieser verweist nämlich darauf, dass der in der Zukunft zu erwartende Überfluss an Kapital zu einem drastischen Rückgang bei den Zinsen und den

Zinsgewinnen führen muss; ein Phänomen, welches in diesen Tagen durchaus zu beobachten ist. Der Ausgleich zwischen weiterhin existierender Knappheit und einem Kapital im Überfluss wird damit dringender als je zuvor, um den Niedergang des Kapitalismus nicht in einem Desaster enden zu lassen. Systemtheoretisch lässt sich dies vergleichen mit der geordneten Reaktion zwischen Wasserstoff und Sauerstoff in einer Brennstoffzelle und der ungeordneten Reaktion bei einer Knallgasreaktion. Bei der geordneten Reaktion entsteht nutzbarer elektrischer Strom, bei der ungeordneten Reaktion Wärmeenergie, die als Entropie nicht mehr zurückzugewinnen ist, wird sie doch in die Umwelt freigesetzt. Wenn die Partner zusammenkommen, wird es eine Reaktion geben, ob geordnet oder ungeordnet. Für die geordnete chemische Reaktion bedarf es der Katalysatoren. Im sozialen Kontext könnten Führungspersönlichkeiten mit Ausstrahlung und Weitsicht wichtige Aufgaben im Sinne von Katalysatoren einnehmen. Eine Möglichkeit wäre die Verteilung des nicht genutzten Überflusses an die Armen, und zwar für erbrachte Leistungen, im Dienst an der Gemeinschaft. Die dazu notwendigen Gelder sollten aus einer Gewinnsteuer hinreichend zu erhalten sein oder einer Erbschaftssteuer entnommen werden, wenngleich es sicherlich nicht einer erhöhten Erbschaftssteuer bedarf. Eine weitere Streuung im Immobilienbesitz wird allerdings mehr Sicherheit vermitteln, die Unzufriedenheit mit den persönlichen Bedingungen herabsetzen und damit auch gesellschaftliche Stabilität vermitteln. Wachstum bedarf der sicheren und schnellen Aktivierung der Ressourcen und der Arbeitsleistungen, das Humankapital ist dabei die wichtigste Plattform für eine wachsende Volkswirtschaft. Mit dem Wachstum der Bevölkerung steht gleichsam auch mehr Arbeitsleistung für ein wirtschaftliches Wachstum zur Verfügung. Ob die vorhandenen Ressourcen ausreichen, die abrufbare Arbeitsleistung auch nutzen zu können, das ist eine sehr wichtige Frage. Dabei darf man nicht vergessen, Engpässe zu überwinden, sie können überwunden werden. Der Wechsel zu anderen Rohstoffen, Recycling und der Wechsel zu anderen Produkten und

anderen neuen Nutzungsarten könnten da Auswege aufzeigen.
Dies alles wird in einer allgemeinen Theorie des Wachstums
aufzuarbeiten sein, wenn es um zukünftiges Wachstum in wirtschaftlichen Handlungsräumen geht, um das Wachstum auf
den Märkten. Eine diese berücksichtigende allgemeine Wachstumstheorie kann hier nur gestreift werden. Soll das Wachstum
in der uns umgebenden Natur mit in eine alles umfassende Theorie vom Wachstum einbezogen werden, wird man von einer
allumfassenden Theorie des Wachstums sprechen müssen, darauf kann hier nur hingewiesen werden.[51]

22. Paradigmenwechsel

In der Rückschau auf die vorab angesprochenen Paradigmenwechsel können wir festhalten, dass immer, wenn bezogen auf
wirtschaftliches Wachstum von einem Paradigmenwechsel ge-
sprochen wird, es um die Beseitigung einer Knappheit geht, beim
Finanzkapital um die Knappheit an Geld und beim Bildungskapital um die Knappheit an Wissen. Deshalb sollten wir auch
beim Humankapital nach einer zu überwindenden Knappheit
suchen. Wenn es keine Geldknappheit und keine Wissensknapp-
heit mehr gibt, dann kann es um eine Knappheit an Arbeitskräften gehen und insgesamt noch immer um eine Knappheit
an Vertrauen, die sich hemmend auf das erwartete Wachstum
auswirkt. Fragen wir uns deshalb, wann und wo es einen Überfluss an Vertrauen gibt. Dem Partner gegenüber vertrauen wir,
in der Liebe kennen wir das blinde Vertrauen, in der Familie
vertraut man einander, dem Glaubensbruder vertraut man. Können wir einander vertrauen, ist eine wichtige Frage, die uns immer wieder beschäftigen wird. Fordern wir auf das hier ange-
sprochene Humankapital einen Paradigmenwechsel, so kann
dies nach dem Kriterium der Knappheit nur das Vertrauen sein,
zu dem wir einen neuen Standpunkt einnehmen müssen. Die
Menschen suchen und haben schon immer nach der Gemeinschaft mit dem absoluten Vertrauen gesucht, es ist der Ursprung
der Heilsbotschaften, der Sekten, der Ordensgemeinschaften
und der Bruderschaften. Der Überfluss an Vertrauen scheint
im realen Leben nicht erreichbar. Der Paradigmenwechsel von
der Knappheit zum Überfluss erscheint beim Humankapital
vielen nicht von dieser Welt zu sein, nicht wirklich real zu beschreiben, ein Paradigmenwechsel, der ohne die bereits beschriebenen Paradigmenwechsel tatsächlich in der Realität nicht möglich wäre, so aber auch ermöglicht wird, eine reale Möglichkeit
am Horizont auch in diesem Leben eröffnet. Es geht hier um
einen generellen Bewusstseinswechsel, der den Menschen nicht

wie früher als Person in den Mittelpunkt des Geschehens stellt, sondern die menschliche Arbeit zum Ziel der Betrachtung macht. Im Buch „Superfaktor Geld" geht es zwar um die Beseitigung der Knappheit des Geldes, was nicht zur Folge hat, dass das Geld auf der Straße liegt, auch geht es nicht darum, dass es beseitigt wird, sondern um eine andere Blickweise, die Geld in eine neue Beziehung zum Menschen setzt. Ebenso wie beim Geld steuern wir auch beim Wissen auf eine Periode des Überflusses zu, so das neue Paradigma. Der Überfluss verlangt aber neue Regeln und neue Bewusstseinszustände. Erkennt man den Überfluss nicht, kann es dennoch dazu kommen, dass die ewig Gestrigen noch immer versuchen, eine Knappheit zu überwinden, die real längst nicht mehr existiert. Entweder werden Pseudoknappheiten eingerichtet oder überwindbare Knappheiten werden bewusst nicht überwunden, sie werden negiert. Der gröbste Fehler, könnte man auch sagen, die größte Dummheit wäre die, den Überfluss systematisch zu zerstören. Nun sage niemand, das gäbe es doch wohl nicht. Bei einer Überproduktion an Lebensmitteln ist es nicht selten der Fall, dass die Vernichtung von überschüssigen Waren, zum Beispiel Tomaten, eingesetzt wird, um den Preis auf dem Markt stabil zu halten. Dass der Überfluss in einem Bereich längst nicht auch in anderen Bereichen und Regionen als Überfluss angekommen ist, ist zusätzlich zu beachten, wenn von Überfluss die Rede ist. Wer generell die Wohlstandsknappheit beseitigen will, der kann die Knappheit im Finanzbereich beseitigen, ebenso diejenige im Bildungsbereich, um damit eine Basis zu schaffen zur Beseitigung der Knappheit im Wohlstandsbereich insgesamt. Da die Knappheit immer auch von einer Struktur in der Kognition gesteuert wird, sind Paradigmenwechsel generell notwendig, wie sie im Finanzbereich und im Bildungsbereich schon angesprochen wurden. Wohlstand kommt nicht zustande durch die Anhäufung von Vermögen in Form von Sachkapital. Auch ohne große Besitztümer können Menschen sich im Zustand eines bescheidenen Wohlstands befinden. Welche Knappheit kann aber entscheidend den Wohlstand einschränken und bei Wegfall mehren? Diese

Frage kann nicht mit einem Satz beantwortet werden, wir müssen da etwas weiter ausholen! Wohlstand bei permanent fehlenden finanziellen Mitteln, das ist kaum denkbar, ein niedriges Bildungsniveau ist schon eher noch denkbar, passt aber auch nicht so recht. In Wohlstandsfamilien kann man in der Regel eher ein hohes Bildungsniveau antreffen. Daneben findet man ein Vertrauen untereinander, soweit der Wohlstand über Jahrzehnte anhält, was vielleicht auch der Grund ist für die andauernde Stabilität dieses Wohlstands. Misstrauen, ob zu Recht oder nicht, kann schnell alles zerstören. Vertrauen ist deshalb vielleicht der Kitt, der nicht fehlen darf, wenn es gelingen soll, eine Wohlstandsgesellschaft zu schaffen. Die Knappheit an Vertrauen kann wohl nur formal mit der Knappheit an Geld und der Knappheit an aktualisiertem Wissen im Bildungskapital verglichen werden, was aber reicht, um auf der formalen Ebene das Humankapital zu verstehen. Der Basisfaktor Arbeit mit der notwendigen Energie, um eine Arbeitsleistung zu erzielen, ist das, womit der Mensch mit seinem Humankapitel im Hintergrund in der Lage ist, große Dinge zu vollbringen, er kann in der Zusammenarbeit mit anderen große Gebäude errichten, Fabriken und Transportunternehmen aufbauen und betreiben, er kann aber auch all dies zerstören. Das Humankapital, das dabei Arbeit und Energie in der Arbeitsleistung zusammenbringt, benötigt Vertrauen, denn nur auf einer guten Vertrauensbasis werden die Beteiligten an dem jeweiligen aktuellen Unternehmen dieses in dem geplanten Rahmen und der geplanten Qualität auch realisieren können. Die ultimative Aufgabe bei der vielleicht letzten Paradigmenwende könnte die sein, bei dem Hauptparadigma für das menschliche Zusammenleben die Knappheit an Vertrauen zu beseitigen, indem zunächst das Urvertrauen nicht zerstört wird und im Bildungsprozess weiteres Vertrauen aufgebaut wird, weil allen klar sein muss, dass jeder der Schuldner des anderen ist, gleichzeitig aber auch der Gläubiger des anderen, dies ist das Geheimnis einer Gemeinschaft im Vertrauen. Mit diesem Wissen um das Geheimnis des Vertrauens erst werden wir wirklich wohlhabend, nicht so sehr durch die äußeren Statussymbole, sondern eher durch eine innere Harmonie, die nach außen strahlt. Ohne die Knappheit an Finanzkapital kann man mit einem sicheren Gefühl in die Zukunft schauen, mit weniger Knappheit beim aktivierten und aktivierbaren Bildungskapital sich freier bewegen und eher auf eine gute Zukunft vertrauen. Wird das Vertrauen in eine bessere Zukunft belohnt, dann stärkt dies die Möglichkeit, auch weiterhin zu vertrauen, weshalb derartige Erlebnisse in der Schulzeit zu fördern sind und die enttäuschten Vertrauensbeweise aufzuarbeiten sind. Auch wenn unser Vertrauen immer mal wieder enttäuscht wird, wir müssen versuchen, in einer Aura des Vertrauens unser Leben zu verbringen und deshalb alles tun, um uns von dem fernzuhalten, was unsere Vertrauensbasis stören könnte. Der Aufbau einer vertrauensvollen Umgebung, der Umgang mit Menschen, denen man vertraut, vertrauen kann, das ist wichtig, denn es verringert die Knappheit an Vertrauen. Wenn alle Knappheiten verschwinden, so könnte man denken, dann beginnt das Paradies, aber keine Bange, dies wird so schnell nicht geschehen. Es reicht wahrscheinlich nicht, die Knappheit an Vertrauen für sich selbst zu minimieren, wir müssen wohl auch die Pseudoknappheit und den Pseudoüberfluss entlarven. Gerade das unechte, vorgetäuschte Vertrauen führt bei Jugendlichen zu Problemen, die in Hass und Gewalt umschlagen können. Für den Psychologen und den Pädagogen zeigt sich das in einem aggressiven Verhalten, das immer dann, wenn es beobachtbar ist, nur durch Lernvorgänge wieder zurückgeführt werden kann. Aggressives Verhalten wird durch Bestrafung verstärkt, kann so also nicht abgebaut werden. Begreift man erst das Problem des Vertrauensverlustes, der sich in der Aggressivität manifestiert, dann hat man auch den Schlüssel gefunden, mit dem dieses Fehlverhalten zu erklären und zu verändern ist.[52]

23. Das 4-Säulen-Modell der Gesellschaft

Im 4-Säulenmodell kann man von den Säulen 1. Wirtschaftlichkeit, 2. Sinnhaftigkeit, 3. Nachhaltigkeit und 4. Ethik ausgehen. Stabilisiert werden diese durch die Streben: a) Schulden, b) Vertrauen, c) Verantwortung d) Macht und e) Resilienz.

Bei einem Gebäude können Säulen und versteifende Streben zerstört oder auch beschädigt werden. Eine Reparatur wird umso einfacher, wenn dies bereits bei der ersten Konstruktion mitberücksichtigt wird. Dies gilt für das hier vorgestellte Modell ebenso wie für ein reales Haus.

Die erste Säule, die der Wirtschaftlichkeit, scheint in den aktuellen Volkswirtschaften die einzige tragende Säule zu sein, kein Wunder, dass da recht schnell eine Schieflage entsteht. Die zweite Säule, die Sinnhaftigkeit menschlichen Handelns, vermag schon eher zusammen mit der Wirtschaftlichkeit eine gewisse Stabilität erzeugen. Zur Absicherung zwischen S1 und S2 sind Schulden (a) und Machtstrukturen (d) wichtig, zur Absicherung zwischen S1 und S3 (a), Vertrauen (b) und Resilienz (e), als Absicherung zwischen S3 und S2 hingegen die Verantwortung (c). Die 4. Säule (Humanität) sollte dafür sorgen, dass die tragende Plattform für eine darauf aufbauende Gesellschaft nicht die ethischen Belange der Humanität vernachlässigt. Eine Stabilisierung zwischen Säule 1 und Säule 4 erfolgt vor allem über die Verantwortung (c). Für eine humane Gesellschaft ist es aber auch wichtig, die ethischen Prinzipien zu beachten, was mit der 4. Säule gewährleistet ist.

Wirtschaftlichkeit ist ohne ein gut funktionierendes Kreditwesen nicht denkbar, darauf sei ausdrücklich hingewiesen.

Im Folgenden einige Erläuterungen zu den stabilisierenden Streben:

a) Schulden

Schulden werden in der derzeitigen Gesellschaft nicht als staatstragend, sondern eher als Ausrutscher eingestuft, nur im Immobiliensektor ist der Baukredit normal, werden doch Häuser eher nicht auf einem Schlag bar bezahlt. Dennoch gibt es Schulden auch in anderen Bereichen, sowohl auf der privaten als auch auf der staatlich-öffentlichen Ebene. Schulden gibt es nicht erst seit der Neuzeit, sie gibt es bereits, seitdem es Menschen gibt. Mit dem Schuldner tritt gleichzeitig der Gläubiger auf die Bühne. Handelt es sich um geschuldetes Geld, so ist in der Regel vertraglich die Rückzahlung vereinbart, sowohl wenn alles zu einem bestimmten Termin fällig wird als auch wenn Ratenzahlungen vereinbart wurden. Sollen Schulden stabilisierend für die staatstragenden Säulen werden, dann muss erstens jeder ein Schuldenkonto besitzen, zweitens jeder von Geburt an Schulden auf diesem Konto haben und drittens diese Schulden in jährlichen Raten über 20 bis 30 Jahre lang abbezahlen (DIN Vorschlag) Beginnt die Rückzahlung mit der Volljährigkeit, so kann der frischgebackene Erwachsene voll verantwortlich Verträge unterschreiben und somit für die Fortführung des Schuldenkontos in voller Verantwortung unterschreiben. Für das Guthaben ist ein gesondertes Konto anzulegen, darf ein Guthaben doch nicht einfach die Schulden mit einem Schlag tilgen. Selbst wenn auf dem Guthabenkonto eine Million an Guthaben vorliegt, die Schulden dürften nur in den vereinbarten Raten bezahlt werden. Ein vollständiger Ausgleich der Restschuld soll nur im Fall der Kontenschließung im Todesfall möglich sein. Sinnvoll wäre es, mit der Volljährigkeit einen zweiten Standardkredit zu gewähren, der genauso ausgestattet wird wie der erste. Die Verwaltung dieser Standardschulden übernimmt am besten die Notenbank, die damit auch einen Überblick zum jeweiligen Wachstum der Bevölkerung erhält, sodass die Geldmenge, die in den Umlauf kommt, besser zu steuern ist und immer hinreichende Mengen an schuldenbasiertem Geld im Umlauf sind. Diese Standardkredite, auch Zwangskredite in gewisser Hinsicht, dürfen nicht zinsbelastet sein. Wird mit der Geburt ein Kredit-konto eröffnet und darauf 10.000 Euro als ausgezahlter Kredit gebucht, so sind im Verlauf von 20 Jahren diese 10.000 Euro so wie ausgezahlt auch zurückzuzahlen, können zwischenzeitlich jedoch mit Rücksprache bei der Bank auf das Guthabenkonto umgebucht werden. Das umgebuchte Geld kann für Anschaffungen oder die Ausbildung eingesetzt werden. Erhalten kann diesen Kredit nur ein Staatsbürger, nicht aber die Kinder von Ausländern, egal wie lange die Eltern bereits im Land wohnen und arbeiten. Erst der Erhalt eines Passes nach erfolgter Ein-bürgerung berechtigt dazu, den Kindern von Einwanderern ebenfalls einen solchen Kredit einzuräumen. Durch derartige Kredite wird Geld in den Markt eingebracht, mit dem auf dem Markt eingekauft wird, bevor es erarbeitet wurde, was eindeu-tig die Wirtschaft ankurbelt. Die Wirtschaft wird damit defini-tiv gestärkt, die erste Säule für eine florierende Volkswirtschaft. Über derartige Schulden wird der Faktor Geld bereits vorzeitig aktiviert, die einzelnen Säulen stabilisiert.

b) Vertrauen

Der Gläubiger muss, wie der Name schon besagt, dem Schuldner glauben, wenn er verspricht, seine Schulden vertragsgemäß zu-rückzuzahlen, er muss ihm also wohl oder übel vertrauen. Blin-des Vertrauen kann im Geschäftsleben katastrophale Folgen nach sich ziehen. Deshalb wird der Geschäftsmann immer sein Vertrauen durch eine Risikoabschätzung sichern wollen. Ver-trauen muss immer mit dem Risiko leben, dass es nicht immer nur nicht geschätzt wird, sondern mitunter sogar ausgenutzt wird. Bei extrem geringer Risikobereitschaft aufgrund von ent-täuschtem Vertrauen kann das natürliche Vertrauen gegenüber Personen und Sachen geschwächt werden, im Extremfall nicht mehr vorhanden sein. Eine langjährige Zusammenarbeit mit Personen, die das entgegengebrachte Vertrauen noch nie miss-braucht haben, stärkt das Vertrauen und ist geeignet, auch darauf aufbauende Machtstrukturen zu errichten die dauerhaften Bestand haben.Schulden sind ein Sicherheitsrisiko, können aber durch Vertrauensstrukturen abgemildert werden. Man kann mit Schulden eher ruhig schlafen, wenn der Gläubiger vertrauenswürdig ist, ebenso gilt dies für den Gläubiger, der sicherer ist, wenn er eine Vertrauensbasis zum Schuldner aufbauen kann.

c) Verantwortung

Egal an welchem Platz und in welcher Position ein Bürger seiner Arbeit nachgeht, er sollte nie vergessen, dass er in der Verantwortung steht für sein Handeln. Verantwortung zu übernehmen, ist nicht immer leicht, erschwert wird das aufgrund der Tatsache, dass es in einer gegebenen Situation unmöglich ist, alle Einflüsse auf den Handlungsraum zu überblicken. Mit dem festen Willen, für sich und für die Gemeinschaft den besten Handlungsablauf anzustreben, kann durchaus verantwortlich gehandelt werden. Dabei wird die verantwortbare Handlung nicht immer allen gefallen, damit wird man leben müssen. Es gibt auch Situationen, die ein Handeln verlangen, das den Mächtigen und den Etablierten so gar nicht gefallen wird.

d) Macht

Machtstrukturen können unterschiedlich begründet und aufgebaut sein. Der Gläubiger vertraut nicht nur seinem Schuldner, sondern auch der Macht einer effizienten Justiz. Aufgrund von vertraglichen Vereinbarungen kann ein Gläubiger nicht zurückgezahlte Schulden einklagen. Bei Geldforderungen kann die Justiz allerdings kein Geld herbeizaubern, das der Schuldner nicht hat; ob eine Gefängnisstrafe als Ersatz für eine Geldstrafe dem Gläubiger weiterhelfen kann, ist eine offene Frage. Da wird man in bestimmten Kreisen dann auf Gewaltandrohungen zurückgreifen. Banken schauen sich die Vergangenheit ihrer Kunden an und stufen den Kunden aufgrund der Sicherheit, mit der eine Rückzahlung wie vereinbart auch zu erwarten ist, in Bonitätsstufen ein. Hilfen bieten dabei Ratingagenturen, in Deutschland ist die Schufa eine Art von Ratingagentur.

e) Resilienz

Wichtig ist, dass alle Strukturen widerstandsfähig gegenüber den allgemeinen Widerständen und gegenüber dem Unwillen der Umwelt widerstandsfähig sind, sie sollten eine gewisse Resilienz aufweisen. Die Energieversorgung sollte zum Beispiel so funktionieren, dass unterschiedliche Quellen genutzt werden, damit beim Ausfall einer Quelle eine andere einspringen kann. Zudem sollten ausreichende Speicher in der Lage sein, Schwankungen und länger andauernde Engpässe, wie beispielsweise im Winter, abzufedern. Wer sein Eigenheim mit Solaranlagen, Windrad und einer stromerzeugenden Wasserkraftturbine ausrüsten kann, hat die Möglichkeit, sich von den kommunalen Energieversorgern unabhängig zu machen. Zusätzlich zu einer Anlage, die in der Lage ist, die vorhandene Energie der Umwelt anzuzapfen, wird auch Speichermöglichkeit benötigt, entweder in Form eines Akkus oder auch mit einem Elektrolysegerät und nachgeschaltetem Gasspeicher. Die Energiewende ist nicht allein Aufgabe der Regierung und der entsprechenden staatlichen Organe, jeder einzelne Bürger ist genauso gefordert, seinen Teil dazu beizutragen, nicht zuletzt auch die Presse, die aufklären, informieren und vermitteln kann. Man könnte auch sagen, neue Narrative benötigt das Land.

Dieses 4-Säulen-Modell, wie es vorab kurz skizziert wurde, kann herangezogen werden, um in Simulationen bestimmte Zustände verständlich zu machen, jedenfalls verständlicher als dies allein mit Worten gelingen kann. Sind alle Säulen gleich hoch und stabil, so erhalten wir eine waagerechte Plattform, sacken zwei der vier Säulen ab, so gerät die Plattform in eine Schieflage und damit alles, was auf dieser Plattform errichtet wurde.

Natürlich kann die Schieflage durch eine Hilfssäule direkt neben der abgesackten Säule aufgefangen werden, was in der Realität aber nicht so einfach sein dürfte. Besser ist es, vorab durch Querstreben die Säulen gegeneinander zu stabilisieren. Auch wenn man spontan davon ausgeht, dass die Wirtschaftlichkeit eher ohne Schulden auskommen sollte, so ist es dennoch nicht abzustreiten, dass es durchaus notwendig ist, Schulden aufzunehmen, um sinnvolle Konzepte durchsetzen zu können. Deshalb kann „Schulden" als verstärkende Strebe zwischen Säule 1 und 2 eingebaut werden. Die Strebe „Macht" kann die Säulen „Sinnhaftigkeit" und „Nachhaltigkeit" stabilisieren; man denke nur daran, dass sowohl die Sinnhaftigkeit wie auch die Nachhaltigkeit eines Projektes von den Mächtigen eher durchgesetzt werden können als allein aufgrund einer besseren Argumentation. Mit Verantwortung können Säule 3 und 4 stabilisiert werden. Weitere Kombinationen möchte ich dem Leser überlassen, das Prinzip des Modells dürfte aber bereits klar herübergekommen sein. Das Modell kann nicht alles erklären, hilft aber hoffentlich, Denkblockaden aufzulösen.

24. Narrative

Warum zusätzlich zu den Paradigmenwechseln und einem Modell nun auch noch neue Narrative? Narrative erklären uns aktuelle Zusammenhänge, Teilaspekte im Rahmen eines Paradigmas, aber auch unabhängig davon. Wir benötigen zum Beispiel ein Narrativ, mit dem wir uns wirtschaftliche Abläufe und Zusammenhänge erklären können, insbesondere wenn es um Teilaspekte geht. Ein sehr einleuchtendes Narrativ ist die Erklärung von Keynes zu den Triebfedern ökonomischer Abläufe. Der Wert einer Sache oder Dienstleistung bemisst sich nicht danach, wie viel Arbeitsleistung dahintersteckt, sondern danach, wie knapp diese sind. Wird eine Ware knapp, so steigt der Preis, da ihr Wert steigt. Wird aber eine Ware wertvoller, so ist dies ein Anreiz, weitere Arbeitsleistungen aufzubringen, sodass mehr Ware auf den Markt kommt. Dieses zunächst nur auf Waren am Markt bezogene Narrativ ist aber weiter zu fassen, es gilt auch für Geld als Ware. Sammelt sich Geld als Ware immer mehr in entsprechenden Kapitalbeständen an, so wird es uninteressant, weiter Geld zu sammeln, kann man doch nicht erwarten, dass für Geld als Ware weiterhin freiwillig Zinsen gezahlt werden, wenn es im Überfluss vorhanden ist. Wird der Markt mit einer Ware überflutet, dann sinkt der Preis, und ist der Zins der Preis fürs Geld, dann sinkt dieser, je mehr Geld im Überfluss vorhanden ist. Damit ist das Narrativ von Keynes aussagekräftiger als gemeinhin angenommen. Wird nun der Verlust einer Knappheit künstlich wieder zurückgedreht, also eine künstliche Knappheit hergestellt, dann wird auch der Preis wieder steigen. Ohne dieses Beispiel hier weiter auszuarbeiten, zeigt es doch, dass einzelne Narrative wichtig sind für das Verständnis und für die daraus ableitbaren Handlungen.

Ein anderes Beispiel ist das allen Kriegsereignissen begleitende Narrativ von einem äußeren Feind. Auch wenn dafür der Begriff der Kriegspropaganda geläufig ist, es handelt sich um ein Narrativ, mit dem Handlungen zu erklären sind, die sonst unverständlich wären. Dabei fällt auf, dass Narrative nicht wahr sein müssen, sie sollten hingegen eine gewisse Plausibilität aufweisen, wonach sie wahr sein könnten. In einem totalitären Staat wird man alles daransetzen, jede Information, mit der die Plausibilität des staatlichen Narrativs zu erschüttern ist, zu verbieten und aus der Öffentlichkeit auszuradieren. Daneben gibt es auch Narrative zum moralischen und ethischen Verhalten von Menschen. Derartige Narrative können den Menschen Halt geben und eine Sicherheit, die sie sonst nicht hätten. Die bekanntesten moralischen Narrative werden von den verschiedenen Religionen angeboten. Vergleichbares leisten die ethischen Narrative der Philosophie. Gerade in Krisensituationen können derartige Narrative den in diesen Zeiten notwendigen Halt anbieten. Versteckt man sich in der Krise aus Furcht vor Zusammenbrüchen oder gar der Furcht vor dem Untergang der Welt, flüchtet gar in den Tod, so findet man keine der möglichen Lösungsansätze. In der Abarbeitung einer berechtigten Angst hingegen können Lösungen gefunden werden. Eine philosophisch untermauerte Alltagsethik könnte vielleicht zu einem wichtigen Narrativ für ein friedliches Zusammenleben werden. Zu den Basisaussagen eines derartigen Narrativs gehört sicherlich, dass es erstrebenswert ist, eine nachhaltige Wirtschaftsordnung anzustreben, aber auch eine sinnstiftende und eine humane Wirtschaftsordnung im Blickfeld zu behalten. Zusammenfassend könnte man von einem Dreiklang in einem finalen Narrativ sprechen, zwischen Nachhaltigkeit, Sinnhaftigkeit und Humanität. Abschließend gilt es noch festzuhalten, dass Paradigmen einen Blick auf die Gesamtheit der Welt anbieten wollen, Narrative eine Erklärung zu klar abgrenzbaren Bereichen in dieser Welt anbieten.

25. Künstliche Intelligenz

Narrative sind Erzählungen, Erklärungen, die mit Informationen Ziele erreichen wollen, die sehr unterschiedlich sein können. Wichtig ist es, zielgerichtete Informationen ausfindig zu
machen. Die dazu notwendige Recherche gehört zum Alltagsgeschäft eines Journalisten. Ob ein Artikel in einer Zeitung oder
ein Bericht im Radio oder der Bericht im Fernsehen, sie können Teil eines Narrativs sein. Interviews und Berichte vom Ort
eines Geschehens lassen sich mit Informationen aus dem Netz
zu einer Geschichte zusammenschreiben, die auch die Hinter-
gründe belichtet und somit eine Erklärung liefert für das, was
geschehen ist, und sogar für das, was in der Zukunft geschehen
wird. Bei den Recherchen werden heutzutage Suchmaschinen
ebenso eingesetzt wie Telefonate und Fotos vom Ort des Geschehens. Die in den letzten Jahren sich rasant entwickelnde
KI (künstliche Intelligenz) kann da ebenso hilfreich sein, erzielt
wahrscheinlich sogar bessere Ergebnisse, und dies in erheblich
kürzerer Zeit. Um künstliche Intelligenz mit guten und plau-
siblen Informationen zu versorgen, bedarf es möglichst vieler
Informationsquellen, auf die eine KI zugreifen kann. Das gilt
natürlich ebenso in allen Bereichen, in denen es gelingen soll,
Entscheidungen den Maschinen zu überlassen, wie es beim au-
tonomen Fahren erforderlich ist. Künstliche Intelligenz benötigt aber nicht allein den Zugriff auf eine umfangreiche Daten-
quelle, die vorliegenden Informationen müssen auch intelligent
verknüpft werden, um zu einer richtigen und guten Entscheidung zu kommen, nicht nur zu informieren, und das im Falle
des selbstfahrenden Autos sogar in Sekundenschnelle. Die Entscheidung wird dabei von intelligenten Systemen gefällt, die
durch den Menschen befähigt wurden, zu lernen, so wie es bislang nur den Menschen selbst möglich war. Die zukünftigen An-
wendungsgebiete sind vielfältig und noch kaum voll zu übersehen. KI wird man wohl auch einsetzen, um Texte zu analysieren

und zu redigieren. Denkbar wäre es natürlich auch, KI direkt bei der Recherche zu einem neuen Thema einzusetzen. Bereits in naher Zukunft wird man der KI überall begegnen beim Arzt, im Gericht, in Schulen und Universitäten, genauso in unserem alltäglichen Leben.

Das Internet der Dinge, wie Rifkin es beschreibt, wird dabei die entscheidende Datenbasis liefern. Ein erstes Beispiel ist der Drucker, der die nächsten Druckerkassetten bestellt, wenn ein Wechsel bevorsteht, man muss lediglich einen Vertrag abschließen, der dem Hersteller die Bezahlung der Ware sichert. Dasselbe könnte ein Reinigungsroboter mit Reinigungskartuschen durchführen; der Kaffeeautomat mit automatisch eingelegten Kaffeetabs und der fristgerechten Reinigung mit den bereitstehenden Reinigungstabs usw. Nicht zu vergessen sind dabei jedoch die möglichen Probleme. Werden die Daten der vernetzten Maschinen zentral gespeichert, dann kann die KI, wenn sie darauf zugreift, dies nicht nur zum Positiven einsetzen, Nutzungen in krimineller Absicht sind nicht ausgeschlossen. Wenn KI auch an sensible Daten zur Infrastruktur, Datensicherung und Verteidigung des Hoheitsgebietes gelangt, dann wird die althergebrachte Spionage überflüssig, es ist ja nur noch nötig, die nationalen KI-Systeme zu knacken. Im Land selbst kann künstliche Intelligenz zudem den totalen Überwachungsstaat etablieren. Deshalb ist der Diskurs zur Zukunft von KI und dem Internet der Dinge wichtig.

Geklärt werden sollte auch die Frage nach einer demokratischen Kontrolle in diesem Bereich. Diese Kontrollen werden umso drängender, wenn wir auch den Zugriff auf die Sprache mit in die Betrachtungen einbeziehen. Bislang gibt es Imitatoren, die in der Lage sind, mit der Stimme eines bekannten Schauspielers die Zuhörer zu irritieren. Dies sind Ausnahmen und werden wohl kaum in betrügerischer Absicht eingesetzt. KI könnte aus den Stimmen im Archiv Stimmen jeweils so nachahmen, so nachkonstruieren, dass dies identisch mit der Originalstimme der nachgeahmten Person von einem Tonbandprotokoll ist. Wenn der Computer nach einer Stimmanalyse einzelne Worte originalgetreu vortragen kann, so ist er auch in der Lage, diese zu beliebigen Sätzen zu kombinieren, die der Nachgeahmte niemals sagen würde. Eine falsche Information, vorgetragen in einer vertrauenswürdigen Stimme, würde es kaum noch möglich machen, zwischen Wahrheit und Lüge zu unterscheiden. In nicht zu ferner Zukunft wird die Frage nach der durch KI gestohlenen Stimme sicherlich auch die Gerichte beschäftigen. Ein Identitätsklau wird mit KI zum Kinderspiel, umso wichtiger ist deshalb die Frage, wie dies zu verhindern ist.

KI kennt nicht die gewachsene Säule der Ethik und Moral. Wir benötigen vielleicht sogar ein Curriculum für selbstlernende Maschinen, in dem auch die Ethik vorkommen sollte, in Deutschland wäre da auch der Ethikrat gefragt, wenn es um die Beurteilung von KI-Systemen aus ethischer Sicht geht.[3] KI kann generell die Arbeitsleistung der Menschen steigern, weshalb KI auch in der Lage ist, den Wert des Humankapitals zu steigern. Damit leistet KI einen Beitrag zu dem Paradigmenwechsel, der die Wertigkeiten verschiebt, und zwar vom Finanzkapital hin zum Humankapital.

---

3 Der Ethikrat kümmert sich vornehmlich um ethische Belange im Bereich der Medizin. Um Kontrollfunktionen sowohl in der Medizin wie auch in anderen Bereichen übernehmen zu können, sind verstärkt Mitglieder in anderen Bereichen zu rekrutieren.

26. Zusammenfassung

Humankapital entsteht prinzipiell aus der Ansammlung von Arbeitsleistungen. Die Akkumulation der geleisteten Arbeitsstunden hat vielleicht bei dem ein oder anderen Bürger in der Vergangenheit bereits ein Vermögen angesammelt und kann in der Zukunft noch zur Ansammlung weiterer Vermögenswerte führen. Das Humankapital ist sehr empfindlich und muss deshalb auch geschützt werden. Der Schutz betrifft die körperliche Unversehrtheit, zudem den Schutz vor einem Diebstahl von Geld, Vermögenswerten und geistigen Produkten. Wachstum, das den Wohlstand der Menschen befördert und dabei die Ressourcen der Natur nur so nutzt, dass auch die Enkel sie noch nutzen können, ein solches nachhaltiges Wachstum ist zu fördern. Dazu sind umfangreiche und auf die Bedürfnisse von Gesellschaft und Individuum ausgerichtete, gut strukturierte Bildungssysteme vonnöten. Die notwendigen Faktoren des Wachstums können aber nur dann erfolgreich wirksam werden, wenn die Bedürfnisse der Menschen dabei angemessen berücksichtigt werden, die da sind: das Bedürfnis nach Sicherheit, das Bedürfnis nach Freiheit und das Bedürfnis nach Vertrauen. Um all diese Bedürfnisse befriedigen zu können, bedarf es der Beseitigung aller Knappheiten und vor allem einer geordneten Strukturierung des neuen Überflusses, wenn die Knappheiten beseitigt sind, da nur so positive Resonanzstrukturen wahrscheinlicher werden. Ohne positive Resonanzstrukturen wird die Struktur einer anzustrebenden Wohlstandsgesellschaft, wie sie bereits Ludwig Erhard[53] aufbauen wollte, nicht realisierbar sein. Die Steuergesetzgebung muss nach gleichen Grundsätzen für alle Bürger aufgebaut sein, am besten mittels Einführung einer einheitlichen Gewinnsteuer. Der Übergang von einer Gesellschaft, die über Knappheiten geregelt wird, zu einer Gesellschaft, die aus dem Überfluss schöpfen kann, ist durchaus als ein Paradigmenwechsel aufzufassen, vor allem wenn dabei konsequent alle Schuldverhältnisse, soweit möglich, in pekuniäre Schulden transformiert werden. Möglich wird dies mit dem Aufbau strukturierter kognitiver Strukturen im kognitiven Raum und der Bereitstellung davon abgeleiteter strukturierter Handlungsräume in den gesellschaftlichen Lebensräumen. Wird im Bewusstsein der Bürger das Kreislaufsystem einer sinnvollen und nachhaltigen Wirtschaft verankert, dann kann Wachstum auch dauerhaft etabliert werden. Kein Wachstum ist auch keine Lösung und tatsächlich entsteht Wachstum immer wieder aufs Neue. Dabei sehen wir überall, wo Wachstum zu beobachten ist, auch die Grenzen. Selbst Bäume, die über die Jahre hinweg immer weiterwachsen können, zeigen uns die Grenzen auf, die bei Pflanzen damit in Erscheinung treten, dass die Wachstumskurve sich ab einem bestimmten Zeitpunkt immer langsamer an die Kapazitätsgrenze herannähert. Auch Firmen nähern sich im Laufe der Jahre immer mehr der Kapazitätsgrenze an. Der Bürger erreicht eine gewisse Kapazitätsgrenze nach der Ausbildung, dem Studium, wenn er den Karrieregipfel erreicht hat. Die Arbeit in der Mitte des Lebens wird häufig nur als ein Mittel angesehen, um so den Lebensunterhalt erwerben zu können. Dabei vergisst man, dass die Arbeit mehr bietet als nur die Möglichkeit, Geld zu verdienen; die Arbeit ist eine der wichtigsten Möglichkeiten, am gesellschaftlichen Leben teilzuhaben, zu partizipieren. Gerade wegen dieser Möglichkeit der Partizipation darf niemand von der Arbeit ausgeschlossen werden, es muss ein Recht auf Arbeit geben. Jeder Mensch hat bei der Geburt bereits gewisse Fähigkeiten mitbekommen, Fähigkeiten, die einer Pflege und weiterer Ausbildung bedürfen, um das im Arbeitsleben einzusetzende Humankapital auf einen optimalen Level einzupegeln. Das Humankapital ist ein Leben lang zu schützen, um dem Einzelnen und der Gemeinschaft einen optimalen Nutzen zu bringen. Gefahren bestehen für die Gesundheit und die erarbeiteten Vermögenswerte; sie sind abzuwehren, nachdem sie erkannt wurden. Wichtig ist eine klare Trennung zwischen dem Privatkapital und dem Kapital, das allen gehört. Der Markt versucht in allen Bereichen einen

Ausgleich zu schaffen zwischen Knappheit und Überfluss, was aber nicht immer gelingen kann. Probleme ergeben sich dann, wenn Knappheiten nicht durch Arbeitsleistungen zu beseitigen sind. Der Markt wird mit der Bevölkerung und mit der laufenden Spezialisierung wachsen, wobei nicht jedes Wachstum ein gesundes Wachstum ist. Jedes Wachstum, bei dem die Grenzen nicht beachtet werden, ist ein ungesundes Wachstum. Der Zerfall gehört mit zum Wachstum und kann die Wirtschaft beflügeln, wenn dabei gewisse Regeln beachtet werden. Es ist weder sinnvoll, mit viel Mühe und Arbeit aufgebaute Strukturen einfach verfallen zu lassen, noch, sie bewusst unkontrolliert zu zerstören. So ist es zum Beispiel nicht sinnvoll, technische Geräte in den Müll zu werfen und sie zu zerstören, nur weil es inzwischen bessere neue Geräte gibt, ohne darüber nachzudenken, was von den alten Geräten noch zu verwenden ist bei dem Bau der neuen Geräte. Recycling kann Geld und Ressourcen einsparen und somit dazu beitragen, die Knappheit an Kapital zu beseitigen. Da die Knappheit an Kapital das zentrale Paradigma des kapitalistischen Systems darstellt, kann man davon ausgehen, dass sich mit der Beseitigung einer Kapitalknappheit der Kapitalismus selbst aufhebt. Hauptursache der Beseitigung dieser Knappheit ist in der Öffnung der freien Kreditvergabe durch die Geschäftsbanken für alle Bürger zu sehen, für alle Bürger die eine hinreichende Sicherheit anbieten können. Im Übergang von der Knappheit zum Überfluss kann man einen Paradigmenwechsel erkennen. Der zentrale Paradigmenwechsel bewegt sich jedoch genau genommen entlang der Schuldfrage, die allerdings noch lange nicht geklärt zu sein scheint. Um eine andere Sichtweise auf die Gesellschaft zu vereinfachen, wird das 4-Säulen-Modell herangezogen. Die vier Säulen sind Wirtschaftlichkeit, Sinnhaftigkeit, Nachhaltigkeit und Humanität. Zur Stabilität tragen Schulden, Vertrauen, Verantwortung, Macht und Resilienz bei. Vermittlung und Aufbau von kognitiven Strukturen, mit denen Handlungsabläufe zu steuern sind, werden über verschiedene Narrative erklärbar. Narrative können moralisch oder auch ethisch untermauert werden, sie können jedoch ebenso durch Machtstrukturen abgesichert werden. Hilfreich lassen sich auch die neueren Systeme der künstlichen Intelligenz einsetzen, um die kognitiven Strukturen des Humankapitals zu stützen. Dabei sind nicht nur die positiven Aspekte der KI mit ins Kalkül zu nehmen. Positiv ist die Assistenzleistung aufgrund der möglichen Steigerung von Arbeitsleistungen im Einzelfall, aber auch gesamtwirtschaftlich zu sehen. Falsch eingesetzt können andererseits Arbeitsleistungen sogar verhindert werden, wenn zum Beispiel ein investigativer Journalismus verhindert wird. Gezielt verbreitete Falschinformationen können sogar dazu führen, dass Arbeitsleistungen fehlgeleitet eingesetzt werden, um Häuser zu zerstören, Bücher zu verbrennen, friedliche Menschen zu töten. Zerstörungen, wie sie bei kriegerischen Auseinandersetzungen vorkommen, sind natürlich nicht ursächlich den neuen Techniken zuzuschreiben, es sind und waren immer Menschen, die diese Techniken in böser Absicht oder, ohne über die Folgen nachzudenken, zum Schaden des Humankapitals einsetzen.

Nachwort

Wenn wir abschließend das ökonomische Theoriegebäude durchstöbern, fällt zunächst das Theorem von Angebot und Nachfrage auf, obwohl dies nicht den gesamten Wirtschaftsraum durchzieht, nicht den menschlichen Handlungsraum durch alle Zeiten und Räume bestimmt. Der Markt, in dem dieses Theorem seine Gültigkeit längst bewiesen hat, ist nur ein Teil der menschlichen Handlungsräume. Nicht alles wird auf dem Markt angeboten, nicht alles kann dort angeboten werden. Die verschiedenen Märkte haben auch ihre eigenen Regeln. Finanzmärkte sind ebenso wenig mit dem Wochenmarkt vergleichbar wie die Immobilienmärkte. Sie unterscheiden sich vor allem dadurch, dass sie unterschiedliche Grundbedürfnisse ansprechen. Die Bedürfnisse von Kindern, Jugendlichen undvon Erwachsenen, die mitten im Leben stehen, und den Alten, den Rentnern und Pensionären werden meist nur unzureichend berücksichtigt. Ein mitunter auch unterdrücktes Bedürfnis nach Nähe, Gemeinschaft und Selbstständigkeit kann nicht so einfach über Angebot und Nachfrage geregelt werden. Wohl kann man bei Bedürfnissen, die nicht hinreichend befriedigt werden, von der Knappheit an den jeweiligen Ressourcen sprechen und dabei ein weitgreifenderes Theorem ansprechen, das von Knappheit und Überfluss. Auf dem Wochenmarkt können knapp werdende Waren eine erhöhte Nachfrage bewirken, die dann mit erhöhten Arbeitsleistungen der Produzenten zu einem erhöhten Angebot führen und damit einen Ausgleich herbeiführen. Die Knappheit an Häusern und Wohnungen in Ballungsbereichen lässt sich nicht so einfach beseitigen, da die Knappheit im Immobiliensektor nicht die mit Arbeitsleistung zu erstehenden Gebäude selbst, sondern die Knappheit an bebaubaren Grundstücken betrifft. Dennoch, auch auf dem Immobilienmarkt wird die Knappheit vordergründig über das Angebot und die Nachfrage geregelt, das ist richtig. Dabei geht es vornehmlich um Waren und Dienstleistungen, die dann, wenn sie knapp werden, durch entsprechende Arbeitsleistungen in einer neuen Fülle auf den Markt gelangen können, sodass diese Waren dann im Überfluss vorhanden sind. Für den Bau selbst mag dies noch gelten, vor allem wenn auf einem vorhandenen Grundstück gebaut wird oder sonstige Arbeiten am vorhandenen Haus durchzuführen sind. Menschliche Arbeitsleistung kann aber nicht jede Knappheit beseitigen, weshalb es Waren gibt, die nicht über Angebot und Nachfrage in ein ökonomisches Gleichgewicht zu bringen sind. Zu unterscheiden ist zwischen natürlichen Knappheiten, technisch bedingten Knappheiten, sozial bedingten Knappheiten und Pseudoknappheiten. Die Energieknappheit ist ein besonderes Beispiel für eine Knappheit, die sowohl natürlich wie auch technisch und sozial bedingt sein kann, aber auch als Pseudoknappheit auftritt.

Sprechen wir zuerst die technisch bedingte Knappheit an. Obwohl genug Energie vorhanden ist, gibt es eine Knappheit in der nutzbaren Energie, wenn die technischen Voraussetzungen fehlen, um aus der bereitstehenden Energie eine nutzbare Energie aufzubereiten. Wir haben gelernt, fossile Energiequellen zu nutzen, dabei viele Folgeprobleme und Probleme bei der Aufarbeitung übersehen, insbesondere die negativen Einwirkungen auf unser Klima zunächst nicht erkannt. Wollen wir die Nebenwirkungen, wie eine unkontrollierte Abgabe von CO_2 durch den Menschen vermeiden, so müssen wir entweder auf andere Energiequellen umsteigen oder das entstehende CO_2 bereits bei der Entstehung abfangen, sodass es nicht in die Atmosphäre gelangen kann. Knappheit kann aber auch durch unterbrochene oder gestörte Lieferketten entstehen. Was am Markt allgemein gilt, das gilt auch hier, die Knappheit lässt den Preis in die Höhe schnellen, weshalb dies ein Anreiz sein kann, die Knappheit künstlich zu erzeugen, wenn sie schon nicht von sich aus auftritt, es entstehen Pseudoknappheiten. Andere Knappheiten entstehen im sozialen Umfeld, da Konzentrationsbestrebungen dazu führen, dass dort in den Metropolen, wo die Zahl der Bewohner pro Quadratmeter mit der Zeit kontinuierlich ansteigt, es keine Knappheit an potenziellen Arbeitskräften gibt, dafür eine Knappheit an Arbeitsmöglichkeiten entsteht, obwohl diese auch eigentlich hinreichend vorhanden sein sollten. Es entstehen sozial bedingte Knappheiten, die, da sie sozial bedingt sind, auch als soziale Pseudoknappheiten aufzufassen sind, wenn die Politik sich nicht darum bemüht, diese Knappheiten mit intelligenten Lösungsansätzen zu beseitigen.

Immobilien in den Städten zum Beispiel steigen kontinuierlich im Preis, weil die Grundstücke, auf denen man bauen kann, und diejenigen, die schon bebaut sind, sich einfach im Zentrum der Städte nicht vermehren lassen. Entsprechendes gilt für Kunstwerke, wenn der Maler verstorben ist, auch hier entsteht eine Knappheit, die sich nicht beseitigen lässt. Andere Knappheiten, die nicht verschwinden, sondern eher größer werden, sind die von versiegenden Rohstoffquellen. Lithium ist zum Beispiel nicht in dem Ausmaß zu finden, dass es auch noch in 100 Jahren in einem ausreichenden Maß vorläge, um den geschätzten zukünftigen Bedarf zu befriedigen. Altes und neues Wissen kann helfen, Knappheiten in den Griff zu bekommen, die sich nicht mit dem Theorem von Angebot und Nachfrage einfangen lassen. Fehlende Grundstücke im Stadtkern lassen sich durch eine andere Bauweise effektiver nutzbar machen, sodass pro Grundstück mehr Menschen eine Wohnung finden. Damit Kunstwerke berühmter Maler von vielen Menschen gesehen werden, stellt man sie im Museum aus und fertigt Kunstdrucke an. Mit einer wachsenden Bevölkerung wird man auch mit den Knappheiten grundsätzlich anders umgehen müssen. In früheren Zeiten wurde die Knappheit an Land, mit dem man die wachsende Bevölkerung ernähren konnte, dadurch beseitigt, dass man auszog, um neue Landstriche für den sich ausweitenden Ackerbau zu besetzen. Heutzutage sind die Grenzen so festgelegt, dass dies nicht mehr möglich ist, ohne einen Krieg anzuzetteln. Global können Knappheiten zukünftig nur durch international gültige und akzeptierte Verträge beseitigt werden. Wie hierbei die global agierenden Konzerne mit einzubinden sind, das ist eine notwendige und spannende Aufgabe für zukünftige Ökonomen und Politiker. Die Leichtigkeit, mit der Plastikgefäße und Plastikflaschen sowie generell Verpackungen aus Plastik herzustellen sind, führt zu einem Überfluss an Plastik und zu einer immer knapperen unberührten Natur. Einzudämmen ist der Überfluss an Materialien, die nicht mehr in einen nachhaltigen Kreislauf zurückgeführt werden können, und an giftigen Materialien, vor denen wir uns und unsere Umwelt schützen müssen. Obwohl es möglich ist, durchsichtige Beutel aus Zellulose herzustellen, wird weiter mit Plastikbeuteln gearbeitet. Es reicht nicht, wenn Plastik auf den Markt kommt, das recycelbar ist, es muss dann auch tatsächlich recycelt werden. Eine Möglichkeit ist die, alle Kosten für ein Recycling in den Verkaufspreis bereits einzurechnen und insbesondere Artikel, die nicht vom Hersteller einem weiteren Leben zugeführt werden, steuerlich höher zu belasten. Wie dies geschehen kann, ist in der Zukunft mit nachhaltigen Lösungen zu erreichen. Klarsichtfolien können generell aus Papier und Holzabfällen hergestellt werden und sind dann auch biologisch abbaubar – eine Möglichkeit, auf Folien aus Plastik zu verzichten. Auch sollte es möglich sein, die in fossilen Stoffen enthaltenen Energiereserven zu nutzen, ohne dabei CO_2 zu produzieren. Kunststoffe zu produzieren, die nicht biologisch abbaubar sind, sollte grundsätzlich untersagt werden, außer sie werden nach hinreichendem Verbrauch und Gebrauch wieder in neue Kunststoffe, die in den Handel kommen, eingebaut, zu deren Herstellung genutzt. Damit kann in den Überfluss eine wichtige Komponente eingebaut werden, die der Nachhaltigkeit, womit der Überfluss zu regulieren ist.

Zunächst sollten wir aber hoffen, dass die Wirtschaft überall auf der Welt sich aus der Klammer der meisten Knappheiten befreien kann und zu einem geordneten Stadium eines Überflusses findet, in dem Menschen zum Beispiel nicht mehr hungern müssen. Eine Überflussgesellschaft kann und darf nicht das alleinige Ziel sein, wir sollten zusätzlich eine nachhaltig wirtschaftende Ökonomie im Einklang mit der Natur anstreben.

Wirtschaftliches Wachstum zu Lasten der uns umgebenden Natur wird sehr schnell zum Bumerang. Vielleicht sind die ersten Auswirkungen fehlender menschlicher Achtsamkeit der Natur gegenüber die Flutkatastrophen und die verheerenden Waldbrände in unserer Gegenwart. Der Verbrauch fossiler Brennstoffe ist einzuschränken, die Nutzung erneuerbarer Energien auszuweiten. In einer Zeit des Übergangs wird es ohne eine Kohleverstromung nicht gelingen, in kürzerer Zeit die Wende in der Mobilität zu vollziehen. Kohlekraftwerke könnten sogar so umgebaut werden, dass kein CO_2 bei der Kohleverstromung in die Atmosphäre gelangt. Mit staatlicher Hilfe könnten die Abgase gewaschen werden, um so im Wasser gelöste Karbonate zu erhalten. Ein Teil des entstehenden CO_2 könnte direkt in angrenzende Gewächshäuser geleitet werden, um so das Wachstum der Pflanzen zu beschleunigen, enthält doch die normale Luft nicht die optimale Menge an CO_2. Für die Pflanze ist CO_2 ein Nährstoff, den sie braucht, um daraus die Kohlenhydrate aufzubauen, die der Mensch und die Tiere benötigen. Hier kann der Mensch eingreifen, um eine Knappheit an CO_2 für Pflanzen zu beseitigen, die das Wachstum einschränkt. Daran erkennen wir, dass das Problem der Knappheit durchaus allgemeiner zu fassen ist, als das generell der Fall ist. Die verschiedenen Knappheiten sind nicht mit einem Federstrich zu beseitigen, zunächst einmal sind sie zu erkennen, um dann Wege zu finden, sie zu beseitigen. Knappheiten tauchen zudem nicht nur in menschlichen Gesellschaften auf, wir finden sie überall, auch in vom Menschen unberührten Bereichen. Speziell in menschlichen Gesellschaften gibt es neben der Knappheit und dem Überfluss, die je separate Probleme hervorrufen, das generelle Problem der Schuld, ein Problem, das gerne von den Religionsgründern aufgegriffen wird, aber nicht wirklich zu Ende gedacht ist. Die Schuld des Menschen gegenüber der Natur und den anderen Menschen existiert bereits seit der Geburt und wird in der Regel von der Familie und vom Staat für die ersten Jahren aufgegriffen. Hernach geht man einer Tätigkeit nach, mit der man die Schuld abtragen kann. Mit der beruflichen Tätigkeit werden aber auch alle, die davon profitieren, zu Schuldnern. Ein gesellschaftliches System, bei dem die Schulden zum tragenden Teil der Gesellschaftsstruktur werden, ist bislang noch nicht vorgestellt worden, Ansätze dazu finden sich in dem Buch: „Spitzenfaktor Geld" (H. Möltgen, 2021). In einem zinsbasierten System muss man davon ausgehen, dass der Arbeitgeber dem Angestellten als Schuldner bis zum Monatsende neben dem Entgelt für geleistete Arbeit auch Zinsen zu zahlen hat; Zinsen, die bei verspäteten Zahlungen auch aufzurechnen sind. Baut man eine Gesellschaft auf dem Schuldprinzip auf, so wird man den Zins in der einen oder anderen Weise abschaffen müssen, will man nicht in eine Überkomplexität hineinrutschen. Zu fragen ist allerdings, was der Zins leistet und wie man diese Leistungen auch anderweitig erhalten kann. Daneben gibt es auch grundsätzliche Probleme bei einem Schuldparadigma. Ist jedwede Schuld mit Geld aufzuheben oder gibt es sogar Schulden, die nie zu beseitigen sind? Man muss die Frage zulassen, ob ein Mörder nicht doch nur mit seinem eigenen Leben seine Schuld abtragen kann, ob nicht sogar der Soldat in einem Krieg hernach für alle seine Taten im Krieg zu belangen ist. Wie aber verurteilt man den Kriegsführer, den Kriegsherrn? Wer für den Tod vieler auf dem Schlachtfeld verantwortlich ist, für den kann der eigene Tod kaum eine Schuld beseitigen, er ist wohl eher eine Erlösung und die Rettung für den Schuldigen. Ob der mittelalterliche Pranger die Lösung ist oder war, das könnte vielleicht in einem Diskurs unter Bürgern und Gelehrten geklärt werden. Abschließend lässt sich sagen, dass nicht alle Schulden getilgt werden, geschweige getilgt werden können. Darin ist auch eine Gefahr verborgen, gibt es doch Menschen, die genau dies mit in ihr Kalkül aufnehmen. Für Menschen, die ihre üblen Taten in dem Bewusstsein ausführen, nie dafür belangt zu werden, könnte die Zwangsarbeit als höchste der möglichen Strafen abschreckender sein als eine Todesstrafe. Die positive Gegenseitigkeit, mit der auf dem Vertrauen aller Bürger untereinander und gegenüber den staatlichen Organen Wohlstand aufzubauen und zu erhalten ist, sollte in einer auf Schulden aufbauenden

Gesellschaft Grundprinzip sein. Es mag hier absurd klingen, die Überflussgesellschaft in Verbindung mit Schulden zu bringen, doch wird bei genauerer Betrachtung klar, dass der Überfluss nur über Schulden zu haben ist. Streben wir eine Überflussgesellschaft an, müssen wir deshalb nicht nur Schulden zulassen, sondern diese in einem neuen Licht betrachten. In der Schule muss sich bereits ein Bewusstsein herausbilden, wonach in der modernen, sehr differenzierten Gesellschaft jeder in der Schuld der anderen verhaftet ist und jeder Einzelne sowohl Gläubiger wie auch Schuldner gegenüber den anderen Bürgern ist. Die Arbeit mit der daraus entstehenden Arbeitsleistung ist dabei der Angelpunkt, das Vertrauen untereinander der Kitt des Ganzen.

Arbeitsleistungen entstehen in Wirtschaften, die unter allen möglichen Knappheiten leiden, genauso wie in Wirtschaften, die sich den Überfluss organisieren müssen. In jeder Gesellschaft können Schulden entstehen, im Überfluss genauso wie in Zeiten der Knappheit. Arbeitsleistungen hat es genauso in den Zeiten der ersten Hominiden, beim ersten Homo sapiens gegeben wie in heutigen Tagen; nicht so das Problem der Schulden. Würden wir heute noch so leben wie damals, in der Urzeit, so gäbe es nicht das heutige Klimaproblem. Der Energieverbrauch pro Kopf ist im Laufe der Zeit enorm gestiegen. Allein aufgrund dieses enormen Energieverbrauchs können wir heute in unserem bescheidenen Überfluss leben. Genau daraus erwächst eine spezielle Verantwortung gegenüber der Natur und gegenüber den Menschen, die uns fordern. Dazu sind Lernvorgänge notwendig, die nicht fremdbestimmt sind, sondern die sich vielmehr aus dem natürlichen Neugierverhalten heraus entwickeln, wenn man es nicht unterdrückt. Vermittelt über die Sprache kann der Mensch auch ein anderes Bewusstsein entwickeln, als dies den Tieren möglich ist, wobei das im Laufe der Zeit angesammelte Wissen hoffentlich genutzt wird, um Strategien zur Abwehr der Klimakrise zu entwickeln und erfolgreich umsetzen zu können.

Die Beseitigung des kapitalistischen Systems ist nicht eine Aufgabe oder gar das Ziel für eine lebenswerte Zukunft. Ein Leben in Wohlstand ist sowohl in kapitalistischen Systemen denkbar wie auch in nicht kapitalistischen Systemen; wichtig ist es, dass diese Gesellschaften eine humane Ausrichtung nicht vermissen lassen. Die Gier nach mehr, sei es nun Geld, Sachvermögen oder Lebensmitteln, diese Gier muss eingehegt werden, sie auszulöschen ist kaum möglich.

In der Schule wären Glücksseminare genauso angesagt wie Schlichtungsgremien und Aggressionsabbau als Lernziel, ebenso wie die Schaffung klimafreundlicher Wohnwelten. Die Rolle der Schulden für und in der Gesellschaft ist ganz sicher neu zu überdenken. In der Zukunft ist es vielleicht nicht nur denkbar, sondern sogar realisiert, eine Gesellschaft auf dem Prinzip der gegenseitigen Verschuldung zu begründen! So kann vielleicht sogar das Nostradamus-Problem[4] gelöst werden. Wenn jeder seine Schulden gegenüber der Gesellschaft erkennt und anerkennt, dann könnte damit die Verstrickung in einer Komplexität, die der Gier keinen realistischen Ausweg mehr lässt, aufgelöst werden. Nur die Knappheit überlässt der Gier nach Mehr den Spielraum, den sie braucht, um sich nicht zu verstricken. Fällt die Knappheit weg, entstehen mitunter nicht mehr die Komplexitäten, die ein System zerstören können. Schulden zeigen in eine andere Richtung, denn sie sollen abgebaut werden, hier ist die Knappheit das ausgemachte Ziel. Mit der Entschuldung können guten Gewissens neue Schulden aufgenommen werden und damit kann das Leben weitergehen, ein nachhaltiger Schuldenkreislauf entstehen.

Kaum gelingen kann dies mit dem existierenden Bankensystem und dem aktuellen Geld- und Finanzsystem. Es könnte mit dem in dem Buch „Superfaktor Geld" beschriebenen neuen Geldsystem gelingen. Notwendig ist die klare Bindung des Geldes an die menschliche Arbeitskraft; Geldsysteme ohne

---

4 Die Prophezeiungen von Nostradamus sind vielleicht eher zu ertragen, wenn wir alle untereinander verschuldet sind und viele Knappheiten verschwinden.

Rückbindung an Werte, die auf wiederholbarer Arbeitsleistung basieren, können die notwendige Nachhaltigkeit nicht aufbringen. Ohne nachhaltiges Geld kann es auch keinen nachhaltigen Schuldenkreislauf geben.

Nachhaltigkeit allein wird zukünftig nicht dominieren, selbstverständlich wird man die Wirtschaftlichkeit nicht außer Acht lassen können. Vorzeigebetriebe werden zusätzlich auf die Sinnhaftigkeit ihrer Tätigkeiten achten wollen. Die tragenden Säulen sind demnach: 1. Wirtschaftlichkeit 2. Nachhaltigkeit und 3. Sinnhaftigkeit, zusätzlich gestützt durch eine 4. Säule, die der Ethik. Attraktive wirtschaftliche Konzepte sollten nach wie vor wirtschaftlich tragbar, zusätzlich sinnvoll und nachhaltig sein, aber auch die Ethik nicht über Bord werfen.

Vergleichen wir dazu doch mal die Möglichkeiten, um von A nach B zu kommen. Ein Auto dazu zu benutzen, ist vor allem dann sehr sinnvoll, wenn wenigstens A oder B sehr abgelegen sind und diese Strecke zu Recht nur in unterschiedlichen Zeiten zu bewältigen ist. In der Nachhaltigkeit können Elektroautos gut abschneiden, Fahrräder dürften allerdings noch um einiges nachhaltiger sein. Eine hohe Sinnhaftigkeit kann dem Auto wegen der hohen Zeitersparnis bescheinigt werden. Bei der Wirtschaftlichkeit werden vor allem die Kosten zu Buche schlagen, da könnte das Fahrrad besser abschneiden. Als Prinzip wird aus diesem Gespann von vier die Wirtschaft tragenden Säulen, das Viersäulenprogramm, mit dem die wirtschaftlichen Aktivitäten systematisch zu steuern sind. Inwieweit ein solches Konzept auf dem Markt Bestand haben kann, hängt vom Käuferverhalten ab, genauer gesagt vom konkreten Bewusstsein des Käufers. Er kann ein nachhaltiges Produkt dem nicht so nachhaltigen Vergleichsprodukt vorziehen und damit den Beteiligten in der Wertschöpfungskette Zufriedenheit mit ihrer Arbeit vermitteln, weil sie ihnen sinnvoll erscheint. Dadurch entsteht ein eher freundschaftliches Verhältnis zwischen Käufer und Verkäufer. Ein Erfolg ist vorhersehbar, wenn man die entstehenden Produkte mit den Eigenschaften sinnvoll, wirtschaftlich, human und nachhaltig etikettieren kann. Wie bereits angesprochen, gehört zu einer nachhaltigen Bewirtschaftung auch nachhaltiges Geld. Das Etikett „sinnvoll" verweist zudem auf eine Nützlichkeit, die nicht allen auf dem Markt angebotenen Waren und Dienstleistungen zuzusprechen ist.

Eine funktionierende nachhaltige *(sustainable)* globale Ökonomie bedarf zudem einer globalen Struktur, die von einer anerkannten internationalen Organisation unterstützt wird, was ebenso für die *purpose economy* gilt, ein sinnhaftes liebenswertes Wirtschaften. Wahrscheinlich wird es in der Zukunft mehr Kooperativen und kooperativ zusammenarbeitende Gruppen geben. Damit weltweit Standards eines derartigen Wirtschaftens – *economic, sustainable* und *purpose (esupo)* – entwickelt und beachtet werden, bedarf es der globalen Vernetzung aller, die dazu einen Beitrag leisten können. Erst so wird die Weltwirtschaft den Status einer Wirtschaft 5.0 erreichen! Gehen wir aus von der industriellen Revolution 3.0 und begleiten die Entwicklung zur Industrie 4.0, so kann erst klar werden, was wir unter einer Wirtschaft 5.0 erwarten können. Welthandel, das war ursprünglich nichts anderes als die Ausbeutung der Länder, die heutzutage als Entwicklungsländer angesehen werden. Die wirtschaftlichen Beziehungen zu diesen Ländern der Dritten Welt waren einseitig nur auf den Vorteil und den Gewinn in den Mutterländern der Kolonialländer ausgerichtet. Landwirtschaftliche Produkte ließen sich in den Kolonien so billig einkaufen, dass selbst sehr kostspielige Transporte mit großen Schiffen lohnend waren. Inzwischen haben sich die Märkte verbessert und die ehemaligen Kolonien sind in der Lage, faire Preise auszuhandeln. Dennoch sind die Arbeitsbedingungen lange noch nicht so gut wie in den Ländern der ehemaligen Kolonialherren.

Wünschenswert wäre eine Wirtschaftsordnung mit mehr Commons, Kooperationen und Genossenschaften; so dass diese auf allen Ebenen eine paritätische Grundstruktur bilden und damit die alte Hierarchiebildung verhindern;das scheint mir jedoch eine Mär zu sein. Es ist noch nicht einmal ausgemacht, dass wir ohne jegliche Hierarchie besser leben würden. Was wir brauchen, ist ein neues Verständnis für ein friedliches Zusammenleben in größeren Wirtschaftsgebieten. Insbesondere ist der Begriff eines friedlichen Austauschs von Waren und Dienstleistungen neu zu definieren. Dazu wird es notwendig, den Begriff der Schuld neu zu erfassen. Ein menschliches Leben, ohne sich schuldig zu machen, ist nicht möglich. Ohne hier klare Grenzpflöcke aufzustellen und Schulden generell als zurückzahlbar zu betrachten, wird man über die begrenzten Bereiche einer Industrie 4.0 nicht hinauskommen. Die digitale Revolution in der Industrie 4.0 wird sogar einen Überfluss erzeugen, der schnell die Begrenzungen im Zeitfenster von Industrie 3.0 vergessen lässt. Die industrielle Revolution hat zwar so manche Knappheit beseitigt, dafür aber neue Knappheiten hervorgebracht. Weitere Knappheiten werden durch die digitale Revolution im Zeitalter von Industrie 4.0 beseitigt. Eine damit erreichte Gesellschaft im Überfluss kann aber auch wieder abstürzen in ein Zeitalter mit all den alten Knappheiten, die man längst als abgeschüttelt wähnte. Erst der Übergang in eine globale Friedensperiode mit klar gesetzlich festgelegten Regeln zur Tilgung von Schulden, und zwar nicht nur im privaten Bereich, wird alle globalen Knappheiten beseitigen können.

Zudem sind alle Aktivitäten, die zu Kriegshandlungen führen und führen können, mit den schärfsten nur denkbaren Strafen zu ahnden. Vor allem ist die Überschwemmung der westlichen Demokratien mit Drogen zu stoppen. Die Drogenkartelle schaden nicht nur den Drogensüchtigen, sondern dem gesamten Wirtschaftsraum. Die Drogenbosse schaden auch den Herkunftsländern der Drogen, werden dort doch die Bauern ihrer Felder beraubt und Konkurrenten mit kriegerischen Mitteln zurückgedrängt. Ohne diese zerstörerischen Kräfte könnten wir auf eine Wirtschaft im Überfluss hoffen, die allen Bürgern ein Leben im Wohlstand verschafft.

Mit dem zu erreichenden Standard 5.0 in der Wirtschaft wird notwendigerweise dann auch eine andere Art der Behandlung von Schulden verbunden sein. Schulden müssen nachhaltig und sinnvoll den Wohlstand aller mehren. Kriegerische Handlungen, zum Beispiel, sind grundsätzlich nicht nachhaltig und auch nicht sinnvoll, können dennoch im Verteidigungsfall notwendig sein. Arbeitsleistungen, die das Humankapital aufbauen und wachsen lassen, sind hingegen in der Regel nachhaltig und sinnvoll. Gelingt es, global aus der allgegenwärtigen Schuldenkrise herauszukommen, dann sollte es auch gelingen, Wege aus der Klimakrise heraus zu finden.

Sogar die Kryptowährung Bitcoin wird von einigen als eine Möglichkeit angesehen, die notwendigen Änderungen im Finanzsektor anzustoßen. Richtig ist, dass die Abhängigkeit der nationalen Währungen von den jeweiligen Notenbanken mit der Kryptowährung entfällt. Leider gibt es aber bei den Kryptowährungen keinen festen Bezug zu einem Wert als Anker, dem man in Krisenzeiten vertrauen kann. Bis 1971 war Gold für die meisten Notenbanken ein solcher Bezugspunkt und Anker. Durch den Beschluss des amerikanischen Präsidenten, den Dollar nicht mehr zu einem festen Kurs jederzeit in Gold eintauschen zu wollen, wurde der Goldstandard verlassen. Die immer noch in Manhattan schlummernden Goldreserven sind ein historisches Relikt aus den Zeiten der durch Gold gedeckten Währungen. Wie aber könnte eine neue Absicherung, ein wertmäßiger Bezug aussehen? Zurzeit ist diese Deckungslücke nicht nur ein Problem der Kryptowährungen, sondern auch ein Problem bei den nationalen Währungen.

Die Absicherung des Sparers über einen Grundbetrag durch den Staat in Höhe von 100.000 Euro ist nur eine Absicherung von Einlagen gegenüber den Geschäftsbanken. Das zentrale Problem stellen die Banken erst mit den nationalen Notenbanken dar. Zu unterscheiden ist dabei zwischen der substanziellen Absicherung, zum Beispiel durch Gold, und der funktionalen Absicherung durch einen Algorithmus wie bei der Blockchain. Bei der Blockchain werden genau betrachtet nur die Abläufe bei der Verrechnung gegenseitiger Forderungen nachvollziehbar festgehalten, eine buchhalterische Absicherung, die nur begrenzt durchführbar ist, können derartige Ketten doch nicht grenzenlos gebildet und nachvollzogen werden. Vielleicht kann man sich dennoch prinzipiell für begrenzte Zeiträume keine bessere Absicherung wünschen. Ein Nachteil der Blockchain ist dabei, wie schon angedeutet, die fehlende Definition einer Grenzgröße sowie die immense Datenmenge, die im Laufe der Zeit zu einem Abbruch führen muss, zudem immer größere Rechner benötigt und daher immer größere Energiemengen verschleudert werden. Eine zeitliche Begrenzung könnte einer der möglichen Ansätze sein, eine funktionale Absicherung als neuen Standard bei der Blockchain einzuführen. Mit der Einführung von BC-Konten (Blockchain-Konten), die jeweils nach einem Jahr abzurechnen sind, könnte ein Schritt in die richtige Richtung gelingen. Bricht man die Ketten nach einem Jahr kontrolliert ab, so wird es möglich, die laufende Sicherheit im Jahresverlauf mit einer bilanzierten Sicherheit über längere Zeitperioden hinweg zu verbinden, ohne nicht mehr zu bewältigende Datenmengen erzeugen und verwalten zu müssen. Dazu sind die Ergebnisse am Jahresende in einer Bilanz festzuhalten, die möglichst kurz und knapp die wichtigsten Informationen für eine dauerhafte Speicherung bereithält. In den Jahresbilanzen können vor allem auch notwendige Abbrüche, Abschreibungen und unkontrollierte Geldflüsse aufgefangen werden. Eine internationale Währung mit jährlich abzurechnenden BC-Konten ohne Bargeld wäre mit einer internationalen juristischen Absicherung über die Arbeitsleistung durchaus denkbar und wünschenswert. Wichtig ist dabei, die Wechselkursverluste zu vermeiden, Verluste durch Wertverluste über längere Zeiträume hinweg zu mindern, zum Beispiel Inflation, Verluste bei der Geldschöpfung zu umgehen und Verluste durch Diebstahl auszuschließen.

Alles, was Menschen besitzen oder besitzen können, hat einen zeitbedingten Wert. Der Wert einer Ware kann im Laufe der Zeit sowohl zunehmen, aber auch abnehmen. Deshalb besitzen Bewertungen ihre zeitlichen Grenzen, ebenso gibt es räumliche Grenzen. Selbst ein global einheitliches Geld wird diese Grenzen nicht aufheben; wohl wird es leichter, bestehende Grenzen zu beseitigen oder doch durchlässiger zu gestalten. Eine Wirtschaft, die Knappheiten verwalten muss, wird eher dazu neigen, neue Grenzen aufzubauen, als eine Wirtschaft, die den Überfluss zu verwalten hat. Jeder Überfluss tendiert dazu, Grenzen zu überwinden, es wird eine Wanderbewegung aus Regionen mit Knappheiten hin zu solchen mit Überfluss geben. Solange die Grenzen offen sind, wird man in den mit Überfluss gesegneten Regionen mit einer Minimierung des Überflusses rechnen müssen. Grenzen sind insofern hilfreich, wenn es darum geht, den hart erkämpften Zustand im Überfluss zu halten. Deshalb dürfen wir bei der Diskussion um Knappheiten und bei der Gesellschaft im Überfluss nicht die Grenzen vergessen. Innerhalb fester Grenzen kann es einen Paradigmenwechsel von der Bewältigung von Knappheiten hin zu der Bewältigung eines Überflusses geben – ein Paradigmenwechsel, der jedoch nur begrenzt gültig ist. Paradigmenwechsel in den Wirtschaftsregionen werden Grenzen verschieben, nicht aber auflösen. Zu diskutieren ist auch, ob das für den Überfluss notwendige Wachstum nicht auch auf Grenzen stößt; Grenzen, die eine Produktion von weiterem Überfluss stoppen können. Nicht erst das Buch „Grenzen des Wachstums" sollte uns aufzeigen, dass generell auch wirtschaftliches Wachstum an seine Grenzen stoßen muss. Die Natur zeigt uns überall eine Begrenzung des Wachstums. Natürlich können auch Tierpopulationen wachsen, ebenso wie die menschliche Bevölkerung; Tierpopulationen finden ihre Begrenzung in der sie umgebenden Umwelt, die menschliche Bevölkerung nicht mehr. Bei den Grenzen des Wachstums drängt sich die Frage auf, ob wir mit dem Begriff Wachstum immer dasselbe meinen.

Auch einem Populationswachstum sind Grenzen vorgegeben. Wie in der Natur Grenzen bestimmt werden, lässt sich an einzelnen Individuen erkennen, wachsen diese doch in der Regel nur bis zu einem hormonell bestimmten Punkt, bis sie ausgewachsen sind. In der Wirtschaft verweist das Geld auf die Grenzen; fehlt es oder kann es nicht beschafft werden, dann besteht die Gefahr, dass sogar wichtige Projekte platzen. Schulden sind oft die einzige Möglichkeit, das notwendige Geld zu beschaffen. Wie hoch kann man sich aber verschulden, wo befinden sich da die Grenzen? Die Bereitschaft, hohe Zinsen für das geliehene Geld zu zahlen, verschiebt die Grenzen, die dem Schuldner gegeben sind. Zinsen sind deshalb auch ein Mittel, mit dem es gelingen kann, den Schuldner daran zu hindern, weitere Schulden aufzunehmen. Da die Zinsen andererseits für einen Wertverlust verantwortlich sind, stellt sich die Frage, ob es möglich ist, Grenzen zu ziehen, die nicht zu einem Wertverlust führen. Regeln und Mechanismen, die eine gesicherte Rückführung der geliehenen Gelder garantieren, wären hilfreich. Ohne einen Zins könnte die Notenbank jedoch nicht mit Zinserhöhungen die Inflation bekämpfen wollen. Die Frage ist, ob in einem Geldsystem ohne Zinsen die Inflation der Wirtschaft und den Bürgern vergleichbare Probleme bereitet, wie wir das derzeit beobachten. Gelingen kann das mit einer Begrenzung bei der Aufnahme von Schulden aufgrund fehlender Möglichkeiten, diese zurückzahlen zu können. Die Bonität als Absicherung wird da nicht ausreichen, zudem ist sie nicht umstritten selbst die Schufa darf ihre Berechnungen für den Score, eine Maßzahl zur Bonität, möglicherweise in der Zukunft nicht mehr so wie bisher durchführen.

Anstehende Umbrüche zeigen sich nicht nur bei der bevorstehenden Umstrukturierung der Schufa, nein, ebenso bei den erneuten Bankenproblemen im Jahre 2023, die zu Zusammenbrüchen und der unkonventionellen Bankenrettung in der Schweiz führen. Die Verschmelzung zweier Großbanken löst akute Probleme, doch was mag in der Zukunft daraus werden? Wie lange noch werden die Vermögenden dieser Welt ihr Vermögen bevorzugt in der Schweiz anlegen? Werden zukünftig Kosten entstehen, die das Vermögen merklich schmälern können, wird sich auch da einiges ändern! Geld abzuheben und dafür Gold einzukaufen, ist nicht unbedingt eine gute Alternative, Immobilien als letzte Rettung sind ebenso nicht ganz risikofrei. Dies könnte einer der Gründe sein, weshalb es in der Zukunft durchaus sinnvoll sein kann, sein Geld ohne Zins zu verleihen; vorausgesetzt, der Schuldner hat eine hervorragende Bonität vorzuweisen.

Anmerkungen

1   In den Achtzigerjahren gab es Zinseinbrüche bis auf 2,8%, darunter kaum nachweisbar, erst recht nicht wie heutzutage die Hypotheken kurzzeitig sogar mit unter 1%.

2   Diese Einteilung kann nicht die unterschiedlichen Entwicklungen in den verschiedenen Ländern auf unserem Globus korrekt wiedergeben, da diese Entwicklung sehr unterschiedlich verläuft, hier kann nur geglättet die Entwicklung in den Staaten dargestellt werden, die wir als die Spitze in der nachfolgenden Industrialisierung ansehen.

3   Malthus, T.R. (1798) An Essay on the Principle of Population

4   Galor, Oded (2011) Unified Growth Theory (beschreibt darin Phasen wirtschaftlichen Wachstums)

5   Wird das eigentliche Haus auf einer Plattform errichtet, können die tragenden Elemente aus Holz ohne Bodenkontakt nicht so schnell verwittern, kann dafür einen Kompromiss eingehen und akzeptieren, dass die Pfeiler und sogar die oberirdischen Bodenplatten noch als einzige Betonelemente am Bau zulassen. Betonpfeiler sind bei einem entsprechenden Recyclingplan sogar wiederverwendbar, und zwar im Gegensatz zu Betonwänden.

6   Optimal wäre es, wenn alle Grundstücke nur als Erbgrundstücke angeboten werden und die Stadt somit frei darin ist verschiedene Parkanlagen zu planen und zum Wohl aller Bürger zu erhalten.

7   Einige Ansätze sind im Arte-Beitrag vom 13. Februar 2021 zu finden. (Arte 7:10 am 13.2.2021) (NN. Arte, 2021),

8   Das ab Mai 2023 nutzbare 49-Euro-Ticket kann hier sicherlich eine Wende bedeuten.

9   Ein Beispiel für den Versuch etwas im kognitiven Raum zu löschen ist die Konfrontationstherapie. Bei einer Katzenphobie zum Beispiel konfrontiert man die Patienten mit einer

Katze, und ich möchte hier behaupten, dass die Therapie am besten gelingt, wenn die eingesetzte Katze genauso aussieht wie die Katze, von der die Phobie ausgeht, und dabei auch die begleitenden Eindrücke mit berücksichtigt. Eine verstärkende Resonanz könnte das Problem verstärken, wenn nicht ein gekoppelter Reiz gesetzt wird, durch den eine Reaktionsumkehr erfolgen kann, vergleichbar den Konditionierungen nach Pawlow, hier eine negative Konditionierung ...

10 Verständlich, dass Dissonanzen nicht im Rampenlicht der Betrachtungen stehen, führen sie doch nicht zu neuen Strukturen, sie können höchstens beim Abbau derselben eine Rolle spielen. Dissonanzen innerhalb des kognitiven Raums sind immer zu beseitigen, in der Außenbeziehung können sie allerdings nur vermieden werden.

11 Diese Einpassung kann man sich als das Ergebnis einer Resonanz vorstellen, eine Resonanz, die entweder durch Verstärkung zu einer aufbauenden Strukturveränderung im kognitiven Raum führt oder durch Löschimpulse den Abbau von kognitiven Strukturen bewirkt. Filter können diese Impulse steuern und auch den Zugang zum kognitiven Raum verhindern. Wer gelernt hat, eine bestimmte Presse als Lügenpresse abzustempeln, der wird Informationen von dieser Presse nicht mehr objektiv prüfen, der Filter Lügenpresse wird dies verhindern.

12 Tiere können unsere Sprache durchaus verstehen, insbesondere Primaten, aber auch Hunde. Was sie nicht können, ist in der jeweiligen Sprache zu antworten. Dies hängt damit zusammen, dass der Mensch ein Zungenbein besitzt, welches selbst den uns am nächsten stehenden Primaten in dieser Ausbildung fehlt. Die Tatsache, dass es gelungen ist, Schimpansen das Schreiben mit einer Schreibmaschine in gewissen Grenzen beizubringen, zeigt, dass da ein Potenzial zum Sprechen da ist, ein Potenzial, das aber nur bedingt mit technischen Mitteln zu realisieren ist.

13 Ursprünglich verlieh die Bank nur Geld, das durch Einlagen und Goldreserven gedeckt war, inzwischen aber ist das

Reservegold nicht mehr vorhanden und die Einlagen werden zusätzlich immer weniger, und dennoch steigen die Kredite. Erklären lässt sich das, weil inzwischen nicht mehr das Geld der Sparer als Kredit herausgegeben wird, sondern neu geschaffenes Geld als eine Anleihe an die zukünftige Einnahmequelle des Schuldners und dessen Zusage, vorhandene Vermögenswerte veräußern zu dürfen, wenn die Rückzahlungen nicht wie vereinbart zurückgezahlt werden.

14 Um staatliche Unternehmen in den Grenzen zu belassen, in denen sie Arbeitslosen eine zeitlich beschränkte Arbeit anbieten können, sollte der Wechsel zu einem Privatunternehmen mit einer Prämie belohnt werden.

15 Humankapital besticht durch seine Funktionalität.

16 Ein Verstoß durch unplausible Kündigung der vorher Arbeitslosen und die Weigerung entsprechende Arbeitsplätze wieder nach den Vorgaben der Stadt neu zu vergeben, könnte man mit der Auflösung des Vertrags ahnden. Es werden sich sicherlich Firmen finden, die dann in die Bresche springen.

17 Odet Galor bezeichnet diese Phase als die Malthus Periode, da in dieser Zeit ein höherer Gewinn nicht bei den Einzelnen ankommt, sondern sich in einem Anstieg des Bevölkerungswachstums widerspiegelt, genauso wie dies von dem Ökonomen Malthus beschrieben wurde.

18 Wobei dies nicht heißt, dass in der Zeit der wirtschaftlichen Stagnation überhaupt kein Wachstum zu beobachten war, es war nur kein Wachstum zu beobachten das den Zuwachs in der Bevölkerung überschritten hätte.

19 Zum Beispiel Fentanyl, dass in Mexiko produziert wird und durch mexikanische Drogenkartelle in den Markt der westlichen Industrienationen geschleust wird. Die Ausgangsstoffe werden anscheinend von chinesischen Firmen geliefert, die auch die Firmen beliefern, die diesen Stoff für den legalen Handel herstellen.

20 Die in bester Lage in der Stadt liegende Schreinerei wird zerbombt, nur einige der Kinder überleben und sind froh

aus dem Grundstücksverkauf wenigstens im Umfeld der Stadt in einer Mietwohnung ein neues Leben beginnen zu können. In der Stadt kann der eine als Angestellter einen Arbeitsplatz bekommen, andere erhalten in benachbarten Städten ein neues Auskommen. Fabrikbesitzer in der Nähe mit geringen Kriegsschäden können sofort am alten Standort neu anfangen und stehen damit besser da als vor dem Krieg, der Krieg hat die Konkurrenten genommen.

21 Der Staat sollte grundsätzlich keine Grundstücke mehr verkaufen, sondern nur noch kaufen und in Erbpacht zur Verfügung stellen, Enteignungen sind in der Regel nicht nötig und auch nicht sinnvoll.

22 Wird die Arbeit wertvoller, dann kann sie auch in kürzerer Zeit das Kapital ansammeln, das für die Rentenzahlung benötigt wird. Wer wegen der langen Zeiten in Schule und Universität erst 10 Jahre später voll ins Berufsleben eintreten kann, dem sollte auch die anrechenbare Zeit in einem Arbeitsverhältnis um 10 Jahre erhöht werden.

23 Für den Erhalt des Grundeinkommens ist ein Konto mit Wohnadresse anzugeben, so dass sich auch niemand vor einer Zahlungsverpflichtung dadurch drücken kann, dass er nicht erreichbar ist.

24 Kann ich leider nicht belegen, hat sich aber in meinem kognitiven Raum irgendwie festgesetzt und ist auch, wenn es nicht wahr ist, durchaus denkbar, dass Keynes dies oder vergleichbares geäußert hat.

25 Mit einem Grundgehalt von netto 1200 Euro wären das dann auch 2400 Euro netto, bei höheren Gehältern könnte dann das Grundgehalt durch steuerliche Abgaben eventuell nur noch 800 Euro netto sein und im Extremfall ganz verschwinden.

26 Der Gini-Index ist zu betrachten als eine Maßzahl, die den Unterschied zwischen Reich und Arm in einer Gesellschaft widergeben kann.

27 Bei einem Freibetrag von 9744 Euro würden von den 36000 Euro nach Abzug des Freibetrags noch 2656 Euro übrig

bleiben, die zu versteuern sind. Nach der Steuertabelle für 2019 sind dann ca. 4200 Euro an Steuern zu zahlen, also 350 Euro im Monat, offensichtlich mehr als bei der vorgeschlagenen Berechnung einer Gewinnsteuer. Da höhere Einkommen stärker belastet werden, sollte sich ein eventuelles Minus im Steueraufkommen in Grenzen halten. Ein Vermögen, das nicht genutzt wird, erzielt keinen Gewinn und ist damit steuerfrei, was aber nicht vor dem allgemeinen Verlust durch Inflation schützt.

28 Die Vermögensverluste sind beim Verkauf dem Einkaufspreis zuzurechnen, wirken sie sich doch so aus als ob der Einkauf teurer gewesen wäre. Wird ein Ladenlokal für 350 000 Euro erstanden und für 400000 Euro verkauft, so entsteht ohne Vermögensverlust ein Gewinn von 50.000 Euro und bei Verrechnung von 30.000 Euro Vermögensverlusten ein Gewinn von 20.000 Euro. Die Anrechenbarkeit von Vermögensverlusten kann zudem beschränkt werden.

29 Wie sich die Langzeitfolgen bei Genesenden auswirken, kann derzeit noch nicht hinreichend beurteilt werden.

30 Der Organhandel schreckt selbst nicht davor zurück, auch Menschenleben zu opfern um die begehrten Organe für Transplantationen zu erhalten.

31 Entsprechende Pflichtversicherungen und Pflichtmieten sollten jederzeit nach Vorlage eines Vertragsabschlusses mit einem anderen Versicherungsunternehmen oder einem anderen Vermieter sogar kurzfristig kündbar sein.

32 Werden beim Verkauf an der Ladentheke, am Marktstand, sofort 20% als Gewinnsteuer I angesetzt, dann entspricht das den bisherigen 19% an Umsatzsteuer, ändert insofern wenig im Alltagsgeschäft. Werden die mit 7% versteuerten Waren hingegen mit einer Gewinnsteuer I von 5% versteuert, zum Beispiel Lebensmittel, so sind diese sogar noch billiger als bisher am Ladentisch ohne das gesamte Steueraufkommen damit zu sehr zu verringern. Die Gewinnsteuer II am Jahresende würde dann 30% bzw. 45% betragen, wenn insgesamt eine Steuer in der Höhe von 50%

angesetzt wird. Erst am Jahresende werden dann Einnahmen und Ausgaben wie bei der EÜ miteinander verrechnet. Eine Bilanzierung sollte erst nach mehrjährigen Verlustberechnungen und bei Aufgabe des Geschäfts verlangt werden.

33 „Die Grenzen des Wachstums" weist zurecht darauf hin, dass der verschwenderische Raubbau an unseren Ressourcen uns schnell die Grenzen eines anscheinend grenzenlosen globalen Wachstums aufzeigt.

34 Das Wachstum muss mehr auf einzelne Bereiche bezogen betrachtet werden, dann wird man auch das Humankapital besser im Blick behalten können.

35 Ein Problem bei der Elektrifizierung der Mobilität sind die Akkus, die in immer größeren Mengen nicht nur die Lithiumvorräte plündern werden, sondern noch mehr bei den notwendigen Kobaltmengen an ihre Grenzen stoßen werden.

36 Rifkin kann mit der Theorie der Nullgrenzkosten aufzeigen, dass, sobald die Grenzkosten Null sind bei abgedeckten Fixkosten, jede Produktionserhöhung nahezu nichts mehr zusätzlich kostet.

37 In Troisdorf kennt man noch eine kleine Siedlung mit Häusern, in denen Mitarbeiter der Klöckner Werke wohnen konnten, die der Arbeitgeber extra für sie errichtete.

38 Notwendig ist allerdings die Aktivierbarkeit des Bildungskapitals, was nicht unbedingt durch erhöhte Bildungsausgaben zu erreichen ist, Achtung, anscheinend kostenlose Bildung kann allerdings auch teuer werden.

39 Pflanzen wachsen sichtbar in der Regel nur so lange, bis sie eine bestimmte Grösse erreicht haben. Das ist noch viel klarer bei den Tieren zu beobchten. Allein beim nur schwach kontrollierten Wachstum einiger Schleimpilze und bei den Krebszellen beobachten wir diese Begrenzung nicht. In einer allumfassenden Theorie zum Wachstum wird man auch nach Ähnlichkeiten im ökonomischen Wachstum Ausschau halten können.

40 Hartmut Michael Möltgen „Spitzenfaktor Geld" im Novum Verlag 2022.

41 „Die Grenzen des Wachstums",Dennis Meadows 1973: weist zu Recht darauf hin, dass der verschwenderische Raubbau an unseren Ressourcen uns schnell die Grenzen eines anscheinend grenzenlosen Wachstums in unserem Lebensraum aufzeigt (Meadows et al. Hamburg 1973).

42 Das globale Wachstum kann nicht gestoppt werden, wohl aber der Raubbau an den Rohstoffen.

43 Auch als Anthropozän zu beschreiben.

44 Was nichtbheisst, dass auch der Gewinn größer ist.

45 Ein Problem bei der Elektrifizierung der Mobilität sind die Akkus, die in immer größeren Mengen nicht nur die Lithiumvorräte plündern, sondern noch vielmehr bei den notwendigen Kobaltmengen an ihre Grenzen stoßen werden.

46 Jeremy Rifkin zur Null-Grenzkosten-Gesellschaft. Grenzkosten lassen sich auch berechnen, darauf wird aber hier bewusst verzichtet, es würde die Verständlichkeit eher stören, als dass es dem Erkenntnisgewinn förderlich ist.

47 In Troisdorf kennt man noch eine kleine Siedlung mit Häusern in denen Mitarbeiter der Klöckner Werke wohnen konnten, die der Arbeitgeber extra für sie errichtete.

48 Der Kommunismus in seiner idealen Form kann wohl nur in einer Gesellschaft im Überfluss existieren, kann optimal den Überfluss verwalten, während der Kapitalismus optimal die Knappheit verwaltet. Den aus der Historie bekannten sozialistischen Systemen, die den Kommunismus propagierten, fehlte es ganz einfach an dem Überfluss, den sie an alle Bürger hätten verteilen können.

49 Notwendig ist allerdings die Aktivierbarkeit des Bildungskapitals, was nicht unbedingt durch erhöhte Bildungsausgaben zu erreichen ist, Achtung, kostenlose Bildung kann teuer werden.

50 Nach Marx soll die Entfremdung die negative Auswirkung des Privatkapitals darstellen und über die Vergemeinschaftung des Kapitals und der kapitalabhängigen Produktion

zu beseitigen sein, siehe auch Ökonomisch-philosophische Manuskripte aus dem Jahre 1844 (Pariser Manuskripte) Frühschriften von Marx, S. Landshut und J.P. Mayer Leipzig 1932.

51 Pflanzen wachsen in der Regel nur so lange, bis sie eine bestimmte Grösse erreicht haben. Das ist noch viel klarer bei den Tieren zu beobchten. Allein bei Schleimpilzen und bei Krebszellen beobachten wir das nicht so. In einer allumfassenden Theorie wird man auch nach weiteren Ähnlichkeiten und Zusammenhängen Ausschau halten,

52 Aggression äußert sich in der direkt sichtbaren Form als aggressives Verhalten gegenüber anderen, so wird zum Beispiel der Mitschüler auf dem Schulhof angegriffen. Daneben gibt es die Aggression gegen sich selber, indem der eigene Körper angegriffen wird, zum Beispiel durch das Anritzen der Haut, was häßliche Wunden hinterlässt. Fatal ist es, wenn die Hilflosigkeit bei Eltern und Lehrern diesem Verhalten gegenüber selbst engen Bezugspersonen in ein aggressives Verhalten verfallen lässt.

Literatur

D. E. **Berlyne**: Conflict, Arousal, and Curiosity, McGraw-Hill Book Company New York, Toronto, London, 1960.

Matthias **Doepke**, Matthias und Fabrizio **Zilibotti**: Love, Money, and Parenting, Princeton University Press, 2019.

Ludwig **Erhard**: Wohlstand für Alle, Anaconda Verlag, Köln, 2009.

Francis **Fukuyama**: Identity, Profile Books, London, 2018.

Oded, Galor: Unified Growth Theory, Princeton University Press (211)

Jürgen **Habermas**: Theorie des kommunikativen Handelns, Band 2: Zur Kritik der funktionalistischen Vernunft, Suhrkamp, Frankfurt, 1981.

Jonathan **Haskel** und Stian **Westlake**: Capitalism without Capital, Princeton University, Woodstock, 2018.

Hans **Jonas**: Das Prinzip Verantwortung, Suhrkamp Taschenbuch, Frankfurt, 2021.

Wolfgang **Klafki**: Didaktische Analyse – Studien zur Bildungstheorie und Didaktik, Beltz, Weinheim, 1985.

George **Lapassade**: Gruppen, Organisationen, Institutionen, Klett, Stuttgart, 1972.

Martin **Lohse** (Hrsg.): Wenn der Funke überspringt: 200 Jahre Gesellschaft Deutscher Naturforscher und Ärzte, Passage-Verlag, Leipzig, 2022.

Niklas **Luhmann**: Vertrauen, UTB, 5. Aufl., UVK Verlagsgesellschaft, Konstanz, 2014.

Felix **Martin**: Money, Random House, New York, 2014.

Karl **Marx**: Frühe Schriften, Verlag Alfred Kröner, 1953.

Karl **Marx**: Frühe Schriften, Hrsg. Hans-Joachim Lieber und Peter Furth, Wissenschaftliche Buchgesellschaft, Darmstadt, 1981.

Thomas **Mayer**: Die neue Ordnung des Geldes, FinanzBuch Verlag (FBV), 3. Aufl., München, 2015.

George H. **Mead**: Geist, Identität und Gesellschaft, Suhrkamp-Taschenbuch Wissenschaft, 19. Aufl., Frankfurt, 2020.

Dennis **Meadows,** Donella **Meadows,** Erich Zahn Peter **Milling**: Die Grenzen des Wachstums, Rowohlt Taschenbuch, Hamburg, 1973.

Hartmut Michael **Möltgen**: Die Abhängigkeit von Chlorophyllmutanten von äußeren Faktoren, Institut für Genetik der Universität Bonn, 1972.

Hartmut Michael **Möltgen**: Probleme fachdidaktischer Diagnostik als Inhaltsdiagnostik in der Biologie-Didaktik, Erziehungswissenschaftliche Fakultät der Universität Köln, 1983.

Talcott **Parsons**: Aktor, Situation und normative Muster, Suhrkamp-Taschenbuch Wissenschaft, Frankfurt a. M., 1986.

Jean **Piaget**: Psychologie der Intelligenz, Kindler-Taschenbücher 2. (2.) 6. Aufl., 1974.

Jean **Piaget**: Probleme der Entwicklungspsychologie: Kleine Schriften, Verlagsgesellschaft Syndikat, Frankfurt a. M., 1976.

Thomas **Piketty**: Le capital au XXIe siècle, Édition du Seuil, Paris, 2013.

Jeremy **Rifkin**: Die dritte industrielle Revolution, Fischer Verlag, Frankfurt a. M., 2014.

Jeremy **Rifkin**: Die Null-Grenzkosten-Gesellschaft, Fischer Taschenbuch, Frankfurt, 2016.

Hartmut **Rosa**: Resonanz: Eine Soziologie der Weltbeziehung, Suhrkamp-Taschenbuch Wissenschaft, 3. Aufl., Frankfurt, 2020.

Bernhard **Seiler** (Hrsg.): Kognitive Strukturiertheit, Kohlhammer-Skripten, Kohlhammer Verlag, Stuttgart, Berlin, Köln, 1973.

Amartya **Sen**: Die Idee der Gerechtigkeit, dtv Verlagsgesellschaft, 3. Aufl., München, 2020.

Adam **Smith**: Wealth of Nations, Wordsworth Editions, Ware, Hertfordshire, 2012.

Joseph E. **Stiglitz**: Globalization and Its Discontents, Norton, New York, London, 2002.

Joseph E. **Stiglitz**: The Price of Inequality, Norton paperback, New York, London, 2013.

Frederic **Vester**: Neuland des Denkens, dtv Taschenbuch, 3. Aufl., München, 1985.

EIN HERZ FÜR AUTOREN A HEART FOR AUTHORS À L'ÉCOUTE DES AUTEURS MIA ΚΑΡΔΙΑ ΓΙΑ ΣΥΓΓΡ
HJÄRTA FÖR FÖRFATTARE UN CORAZÓN POR LOS AUTORES YAZARLARIMIZA GÖNÜL VERELIM SZÍ
CUORE PER AUTORI ET HJERTE FOR FORFATTERE EEN HART VOOR SCHRIJVERS TEMOS OS AUTO
SERCE DLA AUTORÓW EIN HERZ FÜR AUTOREN A HEART FOR AUTHORS À L'ÉCOU
BCEЙ ДУШОЙ K АВТОРАМ ETT HJÄRTA FÖR FÖRFATTARE Á LA ESCUCHA DE LOS AUTO
MIA ΚΑΡΔΙΑ ΓΙΑ ΣΥΓΓΡΑΦΕΙΣ UN CUORE PER AUTORI ET HJERTE FOR FORFATTERE EEN
SERCE DLA AUTORÓW EIN HERZ FÜR
CORAÇÃO BCEЙ ДУШОЙ K АВТОРАМ ETT HJÄRTA FÖ

Der Autor

Der Autor hat lange Zeit Biologie und Chemie
unterrichtet und nach einem Zweitstudium in
den Sozialwissenschaften und Psychologie seine
Doktorarbeit zu einem didaktischen Thema
angefertigt. Nach der Zeit im aktiven Schuldienst
führte Harmut Michael Möltgen noch einige Jahre
lang einen Gastronomiebetrieb mit kulturellen
Events (Lesungen, Musikabende und Ausstellungen
bildender Künstler). Aktuell widmet sich der Autor
sozialen und wirtschaftlichen Fragestellungen.
Nach „Superfaktor Geld" und „Wertfaktor Wissen"
ist „Basisfaktor Arbeit und Humankapital" die dritte
Veröffentlichung des Autors im novum Verlag.

Der Verlag

*Wer aufhört
besser zu werden,
hat aufgehört
gut zu sein!*

Basierend auf diesem Motto ist es dem novum Verlag ein Anliegen, neue Manuskripte aufzuspüren, zu veröffentlichen und deren Autoren langfristig zu fördern. Mittlerweile gilt der 1997 gegründete und mehrfach prämierte Verlag als Spezialist für Neuautoren in Deutschland, Österreich und der Schweiz.

Für jedes neue Manuskript wird innerhalb weniger Wochen eine kostenfreie, unverbindliche Lektorats-Prüfung erstellt.

Weitere Informationen zum Verlag und seinen Büchern finden Sie im Internet unter:

www.novumverlag.com